Hermann Zvi Guttmann

Vom Tempel zum Gemeindezentrum

Hermann Zvi Guttmann

Vom Tempel zum Gemeindezentrum

Synagogen im Nachkriegsdeutschland

Herausgegeben von
Sophie Remmlinger und Klaus Hofmann

Jüdischer athenäum Verlag

Herausgeber und Verlag danken der Speyer'schen Hochschulstiftung Frankfurt am Main für die finanzielle Unterstützung zur Drucklegung dieses Buches

CIP-Titelaufnahme der Deutschen Bibliothek

Guttmann, Hermann Zvi:
Vom Tempel zum Gemeindezentrum: Synagogen im Nachkriegsdeutschland / Hermann Zvi Guttmann. Hrsg. von Sophie Remmlinger u. Klaus Hofmann. – Frankfurt am Main: Athenäum, 1989
ISBN 3-610-00425-8

Layout: Jochen Remmlinger, Heidelberg
Umschlaggestaltung: Karl Gerstner, Basel
Satz: Computersatz Bonn GmbH, Bonn
Druck und Bindung: Uhl GmbH Co., Radolfzell
Printed in Germany
ISBN 3-610-00425-8

Inhaltsverzeichnis

Zum Geleit

Sieht man die Indizes der Architekturzeitschriften der Nachkriegsjahrzehnte durch, muß man erstaunt feststellen, daß sich kaum ein jüdischer Sakralbau unter den vielen veröffentlichten Bauobjekten und Bauprojekten befindet. Für die Situation in Deutschland gibt es dafür Erklärungen. Aber auch die Fachpresse des Auslandes scheint dieser Bauaufgabe keine Aufmerksamkeit zugewendet zu haben.

Dies allein wäre Grund genug, das Erscheinen dieses Buches über die von Hermann Zvi Guttmann gebauten und geplanten Sakralbauten zu begrüßen und ihm eine große Leserschaft zu wünschen.

Die Situation im Nachkriegsdeutschland war von besonderer Tragik. Nahezu alle Synagogen waren der verbrecherischen Zerstörungswut faschistischer Horden zum Opfer gefallen; ausgebrannt, zerstört, zweckentfremdet worden.

Eine riesige Nachkriegsaufgabe – wären nicht auch diejenigen, die sich einst in diesen Gebäuden versammelt hatten, ermordet, vernichtet, beraubt, zur Flucht in das Ausland gezwungen worden.

Tiefer war Deutschland in seiner Geschichte noch nie gesunken. Um so mehr muß man die Haltung Guttmanns bewundern. Mit unbeirrbarer Zuversicht ging er an die Arbeit und stellte seine Fähigkeiten als Architekt in den Dienst des Aufbaus eines Landes, das zu hassen er allen Grund gehabt hätte. Wir Nichtjuden haben ihm für diese großzügig gewährte Hilfe und seine unerschütterliche Hoffnung auf eine bessere Zukunft unseres Landes zu danken.

Den sich neu und zögernd bildenden kleinen jüdischen Gemeinden in Deutschland einen baulichen Mittelpunkt zu geben war für ein religiöses und geistiges Weiterleben der Juden unerläßlich.

Diesem vorsichtigen, tastenden Neubeginn stand ein Bauboom an christlichen Kirchen gegenüber. Nach H. Schnell (»Der Kirchenbau des 20. Jahrhunderts in Deutschland«) wurde »ab 1952 in Deutschland eine so große Zahl von Kultstätten gebaut, daß in vielen katholischen Diözesen fast jeden Sonntag eine Kirche eingeweiht wurde.«

Ein fast durchgehend gemeinsames Kennzeichen dieser Bauepoche des Sakralbaus in Deutschland ist die intensive Suche nach neuen Konzepten und Architekturformen. Wie nie zuvor wurde experimentiert, wurden neue Wege erforscht, neue Grundrisse erdacht und neue Konstruktionen entwickelt. Eklektizismus und Historismus hatten abgewirtschaftet. Der Neubeginn mußte sich an anderen Werten orientieren.

Dem Rausch folgte die Ernüchterung, die Besinnung auf das Notwendige, Vernünftige, Einfache. Ausgehend von einer sorgfältigen Ermittlung der Bedürfnisse ergaben sich funktionelle Prämissen, die Grundrisse und Gestaltung der Kultbauten bestimmten. Dies galt auch für die jüdischen Gemeinden. Auch ihre Kultstätten waren durch die deutsche Geschichte belastet.

»Bei der Errichtung eines Gotteshauses müsse man danach streben, nächst einem schönen Bauwerke zugleich ein nationales zu schaffen. Der deutsche Jude müsse also im deutschen Staate auch im deutschen Stile bauen« (Zitat von Edwin Oppler, »1831–1890, Leben und Schicksal«, zur Einweihung der Synagoge in Hannover). Dieses hochherzige Bekenntnis wurde ihnen nicht gelohnt. So hatten die jüdischen Architekten noch weniger Grund als ihre christlichen Kollegen, sich auf eine »deutsche« Vergangenheit zurückzubesinnen.

Die Überwindung und Abwendung von historischem Gefühls- und Formenballast geschah durch ein im weitesten Sinne vorurteilsfreies, funktionales Denken. Gottesdienstliche Abläufe, zeremonielle Handlungen, Bedeutungshierarchien des Rituals bestimmten die Form, die im besten Sinne des Wortes »der Funktion folgte«.

Nicht zu übersehen ist, daß sich gewisse Parallelen zwischen Entwürfen für jüdische Synagogen und protestantische Kirchen ergaben.

In beiden Religionen stehen – im Unterschied zum katholischen Ritus – eine versammelte, mithandelnde Gemeinde, die Lesung biblischer Texte und, darauf bezugnehmend, Auslegungen durch den Geistlichen im Zentrum des Gottesdienstes. Damit wird der Zentralbau zum Thema modernen Sakralbaus, sowohl des jüdischen wie des protestantischen, der nun in ganz anderer Gestalt an Georg Bährs Meisterwerk, die Frauenkirche in Dresden mit ihrem kreisförmigen Innenraum, den kreisförmig angeordneten dreistöckigen Emporen und der steil in Stein ansteigenden gewölbten Kuppel, anknüpft.

Guttmann war ein sensibler Architekt. Er spürte die Risiken einer experimentellen Architektur, die Gefahr läuft, aus der Tradition zu fallen. Insbesondere erschien ihm der Sakralbau als eine Bauaufgabe von besonderem Rang, die einer gedanklich begründeten Formensprache bedürftig ist. So suchte er dort symbolkräftige Sinngebung, wo bisher fast alle Architekten fündig geworden sind: in der Geometrie. Die mathematisch exakt bestimmbare Kurve der Parabel bekam für seine Bauten eine herausgehobene Bedeutung. Sie kehrt in seinen Bauten immer wieder, sei es im Grundriß, in der Form des Baukörpers, in den Fensteröffnungen und Laubengängen. Es gelingt ihm, sie zum charakteristischen Signal seiner Bauten zu machen.

Offenbach am Main, im November 1988

Professor Fritz Novotny

Vorwort

Hermann Guttmann war einer der ersten Architekten, der nach dem Holocaust in Deutschland wieder Synagogen baute. Wer wollte bezweifeln, daß zu diesen baulichen Vorhaben, zumindest in den fünfziger und sechziger Jahren, großer Mut und viel Zuversicht gehörten, nachdem erst in jüngster Vergangenheit die einst blühenden jüdischen Gemeinden durch das nationalsozialistische Gewaltregime völlig vernichtet worden waren.

Was mag Hermann Guttmann, einen gläubigen Juden, bewogen haben, zum Zeichenstift zu greifen, um wieder jüdische Gotteshäuser zu planen? Die Ideen und Gedanken, die seinen Arbeiten zugrunde lagen, hat er unter anderem in einem Beitrag für eine Festschrift anläßlich der Wiedereinweihung der Synagoge in Bayreuth im Jahre 1966 zusammengefaßt. Bereits in der Überschrift: »Zentren jüdischen Lebens« wird das Anliegen deutlich, um das es dem Architekten bei der Gestaltung seiner Sakralbauten ging. Er wollte Zentren schaffen, in denen sich wieder jüdisches Leben entwickeln konnte, und sein architektonisches Können dafür einsetzen. Er schrieb dazu:

»Die jüdische Gemeinschaft in Deutschland darf auf eine große, Jahrhunderte alte Tradition zurückblicken. Die vielen, organisch gewachsenen Gemeinden brachten ein pulsierendes geistiges jüdisches Leben hervor, und ihre Mitglieder leisteten einen entscheidenden Beitrag zu der Entwicklung der deutschen Kultur und Wirtschaft. Durch den Antritt eines verbrecherischen Regimes im Jahre 1933 wurde dieses Leben jäh unterbrochen und die jüdischen Gemeinden systematisch vernichtet.

Die jüdischen Gemeinden, die nach 1945 neu entstanden, haben eine völlig andere Struktur. Sie sind relativ klein und ihre Zusammensetzung ist recht ungewöhnlich, denn ihre Mitglieder waren meist ältere, der Verfolgung entronnene Menschen und Familien, deren Kinder nach 1945 geboren wurden. Nur selten trifft man zwischen den Jahren 1930 bis 1945 Geborene.

Heute gilt es, das Gemeindeleben so zu gestalten, daß alle Mitglieder zusammengebracht werden, daß sie sich neben dem Gottesdienst auch gesellschaftlich näherkommen, damit sie zu ihrem Gotte und zu ihrer Gemeinschaft wiederfinden.

Daraus ergibt sich das Programm der heutigen Synagogen. Die Vielfalt der Aufgaben bedingt eher eine Ähnlichkeit mit den Bethäusern der Gemeinden in weit zurückliegender Vergangenheit als mit den Synagogen, die in den letzten einhundertfünfzig Jahren erbaut wurden. Das ist auch verständlich, da nach den furchtbaren Jahren der Vernichtung geistig und materiell neu begonnen werden mußte, jüdisches Leben zu gestalten.

Die neu- und wiedererbauten Synagogen sind daher fast alle – entsprechend den Erfordernissen – mit einem kleineren oder größeren Gemeindezentrum gekoppelt. Die Raumprogramme weisen neben dem Gotteshaus und der Mikwah – dem Ritualbad – Säle für Veranstaltungen, Gesellschafts- und Klubräume, Unterhaltungs- und Beschäftigungsräume für die Jugend, Kindergärten, Religionsschulen und Räumlichkeiten zur Unterbringung der Gemeindeverwaltung und des Rabbinats sowie sozialer Institutionen auf. Oft sind in diesen Programmen auch Wohnungen, ja sogar ganze Wohnhäuser für Gemeindemitglieder enthalten.

Bei der Gestaltung des Gotteshauses wird an die alte Tradition angeknüpft und diese in Einklang gebracht mit den modernen Planungsgedanken unserer Zeit. Dem Eingang gegenüber, am Ende der Hauptachse, die im Sinne der Liturgie in Ost-West-Richtung verläuft, steht in der Apsis der Thoraschrein. In der Mitte des Raumes ist – getreu dem Bibelwort: ›Du sollst meine Lehre unter das Volk tragen‹ – der Platz der Bima – auch Almemor genannt –, des Pultes, an welchem während des Gottesdienstes die Thora gelesen wird. In einigen Synagogen sind die Seitenwände durch große Fenster gegliedert, so daß das Licht den Raum durchflutet. Der Sinn dieser Bauart ist es, in unserer Zeit, in der die Vernichtung fast täglich gegenwärtig ist, das Element der Furcht vom Gotteshaus fernzuhalten und dafür die Naturverbundenheit und damit die große Hoffnung hineinzutragen.«

Hermann Guttmann war nur eine relativ kurze Schaffensperiode von rund fünfundzwanzig Jahren vergönnt, in der er, neben Profanbauten, jüdische Gemeindezentren, Gotteshäuser, Friedhofs- und Gedenkstätten plante und erbaute.

Die meisten seiner Sakralbauten entstanden in den fünfziger und sechziger Jahren, der Zeit des deutschen Wirtschaftswunders. Die Trümmer des Krieges waren zu einem großen Teil schon beseitigt. Wohnmaschinen von oft gewaltigen Ausmaßen wurden errichtet, um so der Wohnungsnot Herr zu werden. Die damalige Bauweise war, »der Not gehorchend«, von sachlicher Nüchternheit gekennzeichnet. Das traf auch für die kommerziellen und öffentlichen Bauten zu. Man wollte sich abheben von den pompösen Monumentalbauten der jüngsten Vergangenheit. Funktion und Technik waren das Vorherrschende im Bauwesen.

Auch Guttmann war als Architekt ein Kind seiner Zeit. Auch er hatte seine Bauten entsprechend dem damaligen Zeitgeist gestaltet und trotzdem seine Sakralbauten aus dem Üblichen hervortreten lassen. Er wählte für die Mehrzahl seiner Sakralbauten die Form der Parabel.

»Trotz aller Größe und Herrlichkeit bleiben Bauten, die letzten Endes Werke menschlichen Geistes und menschlicher Hand sind, begrenzt, mögen sie noch so weit nach oben oder in die Ferne streben. Eine irrige Meinung der Unbegrenztheit führte zum Turm von Babel und seinen Konsequenzen. Als Symbol dieses Vorwärts- respektive Hochstrebens, welches in seiner Spitze auf den Widerstand menschlich begrenzten Strebens gegen göttliche Unendlichkeit zeigt, sehe ich die Parabel an.«

Es war ihm ein Anliegen, auch in Schriftform festzuhalten, warum es für die wiedergegründeten, verhältnismäßig kleinen jüdischen Gemeinden in der Bundesrepublik – lediglich die Gemeinden in Berlin und Frankfurt am Main zählen über fünftausend Seelen – so wichtig, ja lebensnotwendig war, die Gotteshäuser mit Gesellschaftszentren zu koppeln. Er arbeitete an der Herausgabe eines Buches, das den Titel tragen sollte: »Vom Tempel zum Gemeindezentrum«.

Hermann Guttmann starb im Sommer des Jahres 1977 nach kurzer schwerer Krankheit im Alter von neunundfünfzig Jahren. Die Vollendung seines letzten sakralen Werkes, der Synagoge im Altenzentrum der Jüdischen Gemeinde in Frankfurt am Main, konnte er nicht mehr erleben, die Arbeiten für sein geplantes Buch blieben unvollendet.

Hermann Guttmann war über zwanzig Jahre Mitglied des Gemeinderates der Jüdischen Gemeinde Frankfurt am Main und für viele Wahlperioden, so auch in den Jahren vor seinem Tode, dessen Vorsitzender. Als ich im Frühjahr 1963 Mitarbeiterin der Jüdischen Gemeinde Frankfurt wurde, war Guttmann Vorsitzender des Gemeinderates. Während meiner Tätigkeit bei der Jüdischen Gemeinde und als verantwortliche Redakteurin des »Frankfurter Jüdischen Gemeindeblattes« lernte ich Hermann Guttmann näher kennen. Ich habe ein Großteil seines Bildmaterials archiviert und die Niederschrift seiner Publikationen und vieler seiner Beschreibungen von Sakralbauten besorgt.

Es verbindet mich auch heute noch eine herzliche Freundschaft mit seiner Familie. So reifte der Plan, sozusagen posthum Hermann Guttmanns Arbeiten zu veröffentlichen. Zur fachlichen Unterstützung und Beratung bot sich der in Frankfurt tätige Architekt Klaus Hofmann an. Er war über ein Jahrzehnt ein enger Mitarbeiter von Hermann Guttmann und an vielen seiner Synagogenplanungen und -bauten beteiligt.

Ich hoffe und wünsche, daß es uns gelungen ist, das vorliegende Buch im Geiste von Hermann Guttmann zu gestalten.

Guttmann hat die meisten seiner Sakralbauten beschrieben und sich dabei mit der ideellen und der praktisch-materiellen Seite seiner Arbeiten auseinandergesetzt. Er hatte diese Beschreibungen zur Veröffentlichung vorgesehen. Sie alle werden fast ungekürzt in diesem Buch wiedergegeben, da jede Beschreibung einem besonderen rituellen Gesichtspunkt der jüdischen Religion gewidmet ist, der allgemeinverständlich erläutert wird.

Da wir nur die Herausgeber seines Buches sein wollen, haben wir darauf verzichtet, selbst eine Darstellung der Arbeiten von Hermann Guttmann zu geben. Statt dessen zitieren wir aus Zeitungen, Zeitschriften, Grußadressen usw., die bei Grundsteinlegung und Einweihung seiner Bauten veröffentlicht wurden. Wir glauben, damit ein getreues Bild davon zu vermitteln, wie insbesondere in den fünfziger und sechziger Jahren der Bau jüdischer Gotteshäuser in der Öffentlichkeit aufgenommen und von der Presse kommentiert wurde. Das lag, so glauben wir, auch im Sinne von Hermann Guttmann.

Frankfurt am Main, im Mai 1989

Sophie Remmlinger, Klaus Hofmann

Zur Person

»Lieber Leser, dem dieses Buch in die Hand fällt, wisse, daß völlige Objektivität beim Menschen unmöglich ist. Er wächst in einer Umgebung auf und wird von dieser beeinflußt. Deshalb ist es wichtig, wenn man eine Theorie entwickelt, Gedanken verfolgt etc., zu wissen, aus welchem Milieu der Mensch kommt, der diesen Gedankengang hervorbringt. Woher kommt er, wie denkt er, wie entwickelte sich seine Weltanschauung. – Nun, ich meine, es bedarf hier keiner Lebensbiografie, es genügen ein paar charakteristische Details.«

Wir wollen dem Rat Guttmanns folgen und mit einer kurzen Lebensbeschreibung und vor allem mit »ein paar charakteristischen Details«, die Aufschluß über den Menschen und Synagogenbauer Hermann Zvi Guttmann geben, beginnen.

Hermann Zvi Guttmann wurde am 13. September 1917 in Bielitz, einer industriell und kulturell regen mittleren Kleinstadt im damaligen österreichischen Schlesien, geboren. Nach dem Ersten Weltkrieg wurde Bielitz polnisches Hoheitsgebiet, bildete jedoch – zumindest bis 1940 – den Mittelpunkt einer deutschen Kultur- und Spracheninsel, die bis ins dreizehnte Jahrhundert zurückreicht.

Die Eltern, Chiel und Ester Guttmann, waren strenggläubige, deutschsprachige Juden. Der Vater war ein selbständiger Kaufmann. Hermann Zvi Guttmann wuchs zusammen mit zwei Schwestern in einem jüdisch rituell geführten Elternhaus auf. Seine Kinder- und frühen Jugendjahre waren wohlbehütet und religiös geprägt. Der Vater weckte früh in seinem Sohn das Interesse am Studium des Talmud, was den analytischen Geist des Jungen entwickelte und formte und ihn sein Leben lang tiefe Gläubigkeit – selbst in schwersten Stunden – bewahren ließ. Hermann Guttmann besuchte in Bielitz deutsche Schulen, die Grundschule und das staatliche Gymnasium. Nach dem Abitur studierte er an der Jagiellonen-Universität in Krakau Philosophie und Germanistik (Juden waren in Polen nicht zu allen Studienzweigen zugelassen). Nach Ausbruch des Zweiten Weltkrieges mußte er im September 1939 sein Studium abbrechen. Er flüchtete nach Lemberg, das nach der Niederschlagung Polens von den Russen verwaltet wurde. Dort studierte er an der Polytechnischen Hochschule Architektur bis zum Einfall der deutschen Armee in Rußland. Es folgten Jahre schwerster Entbehrungen. Erst nach dem Zweiten Weltkrieg war es ihm möglich, sein Studium an der Technischen Hochschule in München fortzusetzen und mit dem Staatsexamen als Diplom-Ingenieur abzuschließen.

Verheiratet war Hermann Guttmann mit der Ärztin Dr. Gitta, geborene Torenberg. Beide lernten sich während ihrer Studienzeit in München kennen. Das Ehepaar übersiedelte nach Frankfurt am Main, und Hermann Guttmann ließ sich dort als freischaffender Architekt nieder.

Das Glück des Ehepaares wurde durch den Tod ihres ersten Kindes getrübt. Das zweite, eine Tochter, trat in die Fußstapfen der Mutter und wurde Ärztin.

Hermann Guttmann war ein geselliger, weltoffener Mensch mit einer tiefen religiösen Bindung. Sein Engagement im jüdischen Bereich brachte ihm eine Reihe Ehrenämter ein: in der Jüdischen Gemeinde Frankfurt am Main, in jüdischen und zionistischen Organisationen und in städtisch-jüdischen Stiftungen. Er hat in diesen Gremien sein fachliches wie sein jüdisches Wissen uneigennützig eingesetzt und wurde hochgeschätzt.

Im Mai 1977 begab er sich nach längerem Zögern in ärztliche Behandlung, er mußte sich ins Krankenhaus begeben, wo er nach kurzem, schweren Leiden am 23. Juni 1977, neunundfünfzigjährig, starb.

Am 24. Juni 1977 fanden die Trauerfeier und das Begräbnis von Hermann Zvi Guttmann auf dem jüdischen Friedhof in Frankfurt statt. Nach einem Trauerjahr ließ die Gattin des Verstorbenen seine sterblichen Reste nach Israel überführen, wo Hermann Zvi Guttmann nun im Heiligen Land seiner Väter die letzte Ruhe gefunden hat.

In einem Nachruf würdigte Oberrabbiner Dr. S. Szobel die Persönlichkeit des Toten:

»... mit seinem Tode verlor die Frankfurter Jüdische Gemeinde einen ihrer fähigsten, feinsten und verdienstvollsten Repräsentanten, dessen Ruf als jüdischer Aktivist und als Architekt religiöser und weltlicher jüdischer Bauten über die Grenzen seiner Kehilla hinausreichte.

Seine Arbeiten auf jüdisch-architektonischem Gebiet waren zahlreich, und sein Talent und seine eifrige und liebevolle Hingabe zu den von ihm zu gestaltenden Projekten wurde überall geschätzt und gewürdigt.

Er schuf in der Bundesrepublik Synagogen, Gemeindezentren, Mikwoth (Ritualbäder), Friedhofshallen und Gedenkstätten, stets sich bemühend, jüdische Tradition mit technischer Modernität, Schönheit und Nützlichkeit im Bauwerk zu verbinden ...

Die Gedenkstätte in Dachau und Synagogen, wie die in Offenbach, Düsseldorf, Hannover und Würzburg sind bleibende Monumente seiner vom Geist der jüdischen Tradition beseelten sakralen Bautätigkeit.

Im letzten Abschnitt seines – ach! so kurzen – Lebens arbeitete er mit Liebe und Selbstaufopferung an dem Neubau des jüdischen Altenzentrums in Frankfurt und an den dem Altersheim angegliederten Altenwohnungen.

(Abb.1) Hermann Zvi Guttmann (1917–1977)

Es war ihm nicht vergönnt, den Abschluß dieser kurz vor der Vollendung stehenden Arbeiten zu erleben. So wird in Kürze die neue Synagoge des Altenzentrums Frankfurt eingeweiht werden, aber Hermann Guttmann, der Erbauer, wird nicht dabei sein. Das Werk nur wird den Meister loben.

Es soll der Zweck dieses Nachrufes sein, Hermann Guttmann nicht nur als Architekt jüdischer Bauten zu würdigen, sondern auch in wenigen Sätzen zu versuchen, das Charakterbild dieses Mannes zu zeichnen, auf den die Jüdische Gemeinde Frankfurt mit Recht so stolz war.

Es sei an eine Stelle in der Thora erinnert, wo von Bezalel, dem Architekten des ersten jüdischen Gotteshauses, des Mischkan, gesagt wird, daß Gott ihn erfüllt hätte, ihn, den ersten jüdischen Architekten, mit Klugheit, Einsicht und Erkenntnis.

Architekt Guttmann, der Bezalel der Nachkriegsgemeinden in Deutschland, war auch von Gott begnadet – in einem modernen Sinne – mit Klugheit, Einsicht und Erkenntnis.

Er war ein überaus intelligenter Mann. Seine Ansprachen und Artikel, seine Meinungsäußerungen und seine Vorschläge im Gemeinderat und in den anderen Gremien jüdischer Organisationen, in denen er führend tätig war, zeigten Weisheit, sprudelten ›Chochmah‹ (Weisheit) . . .

Und er war ein ›Ben Thora‹, er kannte und schätzte unser jüdisches Gedankengut, wie nur sehr wenige in unserer Mitte, und er bemühte sich erfolgreich, jüdische Tradition in echter Synthese mit Modernität zu verbinden.

Er war ein ›Ben Thora‹ und ein ›Bar-Mitzwah‹ zugleich, stets darauf bedacht, seine religiöse Lebenspraxis mit seiner jüdischen Bildung in Einklang zu bringen.

Dazu war er auch ein ›Ohew Zedek‹, ein Freund der Gerechtigkeit und Objektivität, genauso wie er ein ›Ohew Schalom‹ war, ein Freund des Friedens, des Ausgleichs, der Schlichtung von Streit und der Überbrückung von Gegensätzen. Und dazu war er von Gott auch begnadet mit der Gabe eines wohltuenden, gutmütigen Humors, der viel zu seiner Beliebtheit beitrug:

›Tehi Nischmato Zerurah Bizror Hachaijm.‹ «

Vom Tempel zum Gemeindezentrum

Die historische Grundlage

»Als in den Jahren 67 bis 70 unserer Zeitrechnung Jerusalem von den Römern unter Vespasian belagert wurde, wollten sich die Zeloten – die jüdischen Krieger –, obwohl die Verteidigung angesichts der römischen Übermacht aussichtslos war, nicht ergeben. Die Weisen des Judentums aber erkannten, daß es physisch gegen die Römer kein Aufhalten mehr gab und es nur eine Frage der Zeit war, wann die Mauern Jerusalems erstürmt und der Tempel zerstört werde. Sie fürchteten den Untergang des Judentums, wenn nicht vor der Eroberung der jüdische Geist gerettet werde. Sie schöpften ihr Wissen aus den überlieferten Erfahrungen des babylonischen Exils vor über vierhundert Jahren und waren sich darüber im klaren, daß nach der Zerstörung Jerusalems das jüdische Volk in die Diaspora gehen müsse.

Der angesehenste Rabbi jener Zeit, der Schriftgelehrte Jochhanan Ben Sakkai, wollte mit den Römern verhandeln. Um ihn aus der befestigten Stadt herauszubekommen, legten ihn seine Jünger in einen Sarg und erzählten, er sei gestorben und es sei sein Wunsch gewesen, vor der Stadt beerdigt zu werden. Die Zeloten wollten vor dem Stadttor den Sarg durchstechen, um sich vom Tod des Rabbi zu überzeugen. Aber die Jünger des Ben Sakkai wiesen darauf hin, daß man aus Ehrfurcht gegenüber dem Rabbi seine Leiche nicht verstümmeln dürfe. Die Zeloten ließen von ihrem Vorhaben ab, und so gelangte der Rabbi vor die Mauern der Stadt und zu dem Belagerer Vespasian.

Die Legende erzählt nun folgendes: Als Ben Sakkai vor Vespasian stand, zog dieser sich die Schuhe an. Als er den zweiten Schuh anziehen wollte, stellte er fest, daß dieser zu eng geworden war. Er fragte den Rabbi, ob er wisse, was dies zu bedeuten habe. Dieser antwortete Vespasian, er werde eine freudige Nachricht erhalten. Kurz darauf traf ein Herold ein, der den Tod von Nero meldete und verkündete, der Senat von Rom habe Vespasian zum Kaiser ausgerufen. Beeindruckt wandte sich Vespasian an den vor ihm stehenden Rabbi. Er sei, sagte er, in einem freudigen Augenblick zu ihm gekommen; er könne einen Wunsch äußern, er werde ihm eine Gunst erweisen. Ben Sakkai hätte nun sagen können: ›Ziehe mit Deinen Truppen ab!‹ Das aber tat er nicht. Er bat Vespasian: ›Gib mir Jabul und seine Gelehrten.‹

Die Worte des Rabbis sollten ausdrücken: Wenn Jerusalem und damit das materielle Judentum fällt, so muß das geistige Judentum in der Diaspora erhalten bleiben.

Vespasian entsprach seiner Bitte, und Rabbi Jochhanan Ben Sakkai gründete in Jabul (auch unter dem Namen Jawne bekannt), zwischen Jerusalem und Ashdod am Meer gelegen, eine Thora-Hochschule und bewahrte damit das geistige Judentum nach der Zerstörung Jerusalems vor dem Untergang. An Stelle des materiellen Judentums trat das immaterielle. Aus dieser Zeit stammen viele Gebete, entsprechend dem Satz: ›Du sollst die Opfer mit den Lippen bringen – an Stelle von Tieropfern. (Mögen unsere Lippen [Gebete] an Stelle der Opfer treten.) Die Abschnitte, die das Ritual der Opferung beschreiben, sollst Du als Gebet sprechen.‹ Das tun die Juden bis zum heutigen Tag.

Wenn man die Sache genau studiert, wird auch der ethische Hintergedanke ersichtlich: Gebete an Stelle von Tieropfern, dies entsprach dem moderneren Denken des Menschen.

Man kam zusammen, um das Gebet zu sprechen. Daraus entwickelte sich eine Liturgie, die nur abgehalten werden kann, wenn mindestens zehn Männer (zehn = ein Minjan) anwesend sind. So sammelt sich die Gemeinde immer wieder, kommen Juden immer wieder zusammen, pflegen das Ritual und die Liturgie, und so bleiben Juden trotz aller Widerwärtigkeiten des Lebens und aller Verfolgungen, wenn auch zerstreut über die ganze Welt, ein zusammengehörendes Volk.«

Die geistige Grundlage

»Hat der Mensch den Gipfel des selbständigen logischen Denkens erreicht und ist er in der Lage, zu analysieren, so muß er erkennen, daß er als Produkt der Natur begrenzt ist. Die Folgerung hieraus lautet, daß Gott ist. Mit Absicht sage ich ›ist‹ und nicht ›gibt‹, um zu dokumentieren, daß Gott als eigenschaftslos im philosophischen Sinne zu betrachten ist und weder an Ort noch Zeit noch Kontinuum gebunden sein kann. Nicht ›es gibt‹ Gott, sondern Gott ›ist‹.

Dies erkannte bereits der Erzvater Abraham und verwarf jede Art von Götzendienst und Mittler. Er verstand, daß diese monotheistische Idee der Gipfel des menschlichen Denkens ist, sozusagen die höchste Stufe menschlichen Glaubens. Dieser Glaube an den abstrakten einen und einzigen Gott, der den Menschen nach seinem Ebenbild geschaffen, das heißt mit Willen ausgestattet hat, ist der einzige echte und wahre; er gibt die Möglichkeit, daß der Mensch wird, wozu er eigentlich bestimmt ist, nämlich ein homo sapiens. Für diese Wahrheit des Empfindens um Gott muß der Mensch bereit sein, jedes Opfer zu bringen. So ist der Erzvater Abraham auch bereit, seinen einzigen, geliebten Sohn zu opfern. Er nimmt ihn mit, um ihn

Gott als Opfer darzubringen. Jedoch Gott verwehrt dieses Opfer. Gott verlangt nicht, Menschen als Opfer darzubringen, sondern es muß die Bereitschaft, das Äußerste zu geben, vorhanden sein. (Quelle: siehe Pentateuch, Genesis/1. Buch Mose, Kapitel 22, Kommentare.)

Der Mensch als solcher ist als ein Ganzes anzusehen, sozusagen als eine Welt, die in den Rahmen der ihn umgebenden Natur paßt. Jeder Mensch ist in der Tat mit seinem inneren Leben und seinen Vorstellungen eine Welt für sich. Und so ist auch der Ausspruch des Talmuds zu verstehen: Wer einen Menschen ermordet, gleicht jemandem, der eine Welt zerstört.

Viele Zusammenhänge und Erscheinungen der Natur kann der Mensch begreifen. Aber als ein Teil von ihr selbst kann er ihre Grenzen nicht sprengen. Physikochemikalisch gesehen ist der Mensch dazu verdammt, im Rahmen seiner Natur zu bleiben. Wäre das menschliche Denken nichts anderes als ein physikochemikalischer Prozeß, so könnte der Mensch die letzten Gründe seiner Existenz nicht erfassen, denn diese wären ja mit einem Denkapparat zu analysieren, welcher Bestandteil des zu analysierenden Objektes wäre.

Hier tritt die Religion ein mit ihrer Lehre über das Verhältnis zwischen Gott und Mensch.

Die Religion sieht den Menschen als aus Körper und Seele bestehend. Der Seele, die sozusagen kein natürliches Produkt ist, kann es gelingen, zeitweise in eine parallele Natur, welche vom normalen, denkenden Menschen nicht wahrgenommen werden kann, Einsicht zu finden. Wenn man will, ist dies eine Art Spiritismus. Der Seele kann es auch gelingen, Gott so wahrzunehmen, daß sie ihn echt und richtig empfindet. Diesen Höhepunkt erreicht zu haben, bedeutet die göttliche Offenbarung – welche nur einzelnen zuteil werden kann, wie zum Beispiel Moses –, was wir dann im Volksmund der Bibel als ›das Sehen Gottes von Angesicht zu Angesicht‹ bezeichnen.

Neben diesem mystischen hat die Religion das Problem des Zusammenlebens der Menschen, und zwar der Ethik, zu meistern. Die Ethik der jüdischen Religion läßt sich in einem Satze zusammenfassen: Liebe den Nächsten wie Dich selbst! respektive: Tue einem anderen nicht, was dir selbst nicht recht ist!

Nur so ist die Legende zu verstehen, wonach ein Heide, der zum Judentum übertreten wollte, zuerst die Schule des Schamai betrat und Schamai bat, ihm in der Zeit, in welcher er auf einem Fuß stehen könne, die jüdische Lehre beizubringen. Nachdem ihm im Beth-Schamai (Haus des Schamai) dies versagt worden war – Schamai soll ihn aus dem Haus gejagt haben –, ging er zu Hillel, der für seine sprichwörtliche Geduld bekannt war. Er stellt die gleiche Bitte an Hillel. Dieser erklärte sich einverstanden und sagte ihm, er möge auf einem Fuß stehen. Während nun dieser Heide auf einem Fuß stand, sagte ihm Hillel: ›Liebe Deinen Nächsten wie Dich selbst!‹ Hierauf fragte der Heide: ›Nun weiter?‹ Hillel antwortete: ›Das genügt. Du kannst den Fuß wieder herabsetzen.‹ Hillel ging davon aus, daß der ganze kompakte Religionsschatz auf diesem einen Satz: ›Liebe Deinen Nächsten wie Dich selbst!‹ aufgebaut ist.

Ist die Erkenntnis der Grundprinzipien der Lehre vorhanden, so gilt es, einen Rahmen zu schaffen, der sozusagen die Fassung des Edelsteines, von Glauben und Ethik, bildet. Das ist die Religion mit ihren Gesetzen. Sie ist im jüdischen Sinne die Lebenslehre, der Lebensweg, welcher dem Menschen eine Form des Lebens vorschreibt, die ihm das Hochhalten der Prinzipien des Monotheismus und der Ethik ermöglicht, die ihm gleichsam ein alltägliches Leben zeigt, in dem die Anerkennung Gottes und das Befolgen des Lehrsatzes von der Liebe zum Nächsten zur Selbstverständlichkeit werden, mit der man aufsteht und schlafen geht, mit der man lebt.

Um die Lehre lebendig zu erhalten, wird diese immer wieder gepredigt und gelernt. Zu diesem Zwecke müssen Menschen zusammenkommen und ihre Ehrfurcht vor dem übergeordneten Gott auf menschliche Weise durch Opfer bekunden. Für diese Opfer wird eine Stätte geschaffen: der Tempel. Aber nicht nur zur Bekundung der Ehrfurcht und zur Darbringung der Opfer dient der Tempel. Schon früh erkannte man die Wichtigkeit der Zusammenkunft. Und deshalb wird es vorgeschrieben, dreimal im Jahr ›ole regel‹ zu sein, das bedeutet, dreimal im Jahr – meistens aus Anlaß eines Erntefestes – im Tempel zusammenzukommen. Bezeichnend für die gesellschaftliche Wichtigkeit dieser Prozedur ist der Isruchag. Isruchag ist ein Tag nach dem Feiertag; er wird an den Feiertag praktisch angehängt, damit Familien, die von weither kommen und sich hier treffen, ihre Familiennachrichten austauschen und gesellig beisammen sein können. Bei solchen Gelegenheiten wurden auch zu schließende Ehen, Geschäfte und vieles andere besprochen. Es keimte also schon im frühen Israel die Idee der Doppelfunktion der Gottesstätte: hier Tempel, da Gemeindezentrum.

Abhängig von der jeweiligen Zeitepoche und ihrer Strömung, gewinnt die eine oder die andere Verwendung die Oberhand. Und damit sind wir beim eigentlichen Thema angelangt.«

Die Synagoge

»Die Synagoge ist ein Kind der jüdischen Diaspora. Hebräisch wird sie Beth Haknesseth genannt, was zu deutsch das Haus der Versammlung bedeutet und auch dem aus dem Griechischen stammenden Wort Synagoge entspricht.

Als der einzige Tempel der Juden, der in Jerusalem stand, zerstört wurde und das Volk Israels in die Galuth (Zerstreuung) ging, entstanden überall, wo Juden wohnten, Häuser mit Achsen, die auf einen Punkt gerichtet waren, den Punkt, an dem einst der glorreiche Tempel gestanden hatte, nach Jerusalem. Diese Bathee Knesseth (Versammlungshäuser) dienten in erster Linie der Zusammenkunft zum Zwecke des gemeinsamen Betens, denn – wie bereits erwähnt – es müssen zehn Männer zusammensein, damit gewisse Gebete von besonderer Bedeutung gesprochen werden können. Dem biblischen Satze gemäß, in dem es heißt: ›An jeder Stelle, an welcher Du meinen Namen nennen wirst, werde ich kommen und Dich segnen‹, wurden überall da, wo Juden ihren Wohnsitz hatten, Bethäuser gebaut.

Bald wurde in diesen Versammlungshäusern nicht nur gebetet, sondern es fanden dort alle Feierlichkeiten statt, welche den Menschen von seiner Geburt bis zum Tode im Rahmen der Religionsgemeinschaft begleiten. So wurde hier der Knabe beschnitten, wodurch er in den Bund Abrahams aufgenommen wurde, wurde der Dreizehnjährige zum Bar-Mitzwah – zum mündigen Mitglied der Gemeinschaft –, indem er zur Vorlesung der Thora aufgerufen wurde. Hier wurde auch meistens der Bund der Ehe geschlossen. Und nicht selten nahm man in diesem Haus Abschied vom entseelten Körper seines Nächsten. Aber auch Recht wurde an diesen Stellen gesprochen, Abmachungen getroffen, Verträge geschlossen, die Armen und Durchreisenden unterstützt und häufig Beratungen darüber abgehalten, wie mit den Geseroth – den auferlegten Gesetzen der nichtjüdischen Umwelt – zu leben ist.

Vor allem aber wurde an den meisten dieser Plätze gelernt, das heißt, die Thora und ihre Kommentare studiert. Die Erfüllung dieser hauptsächlich religiösen Aufgabe schuf das Beth Hamidrasch, das Lehrhaus. In den Zeiten der Assimilation im neunzehnten Jahrhundert entfielen viele der obengenannten Handlungen, und die Synagoge erfüllte wiederum fast nur die Aufgabe des Bet- und Lehrhauses.

Die Aufgabe der Synagoge spiegelt ihr Grundriß wider, auf welchem die Anlage ruht. In diesem Grundriß kommt der zweifache Dienst: Gebet und Lehre, deutlich zum Ausdruck. Das Gebet der achtzehn Segenssprüche und andere wichtige Gebete müssen stehend in Richtung des verlorengegangenen Heiligtums in Jerusalem verrichtet werden, in unseren Regionen also gen Osten. Dieser Umstand legt vor allem eine sinnvolle sogenannte Gebetsachse zu Grunde. Der Eingang in den Raum sollte an der Westseite liegen, damit gleich beim Eintritt der Blick auf den Thoraschrein fällt, auch ›Heiliger Schrein‹ genannt, in welchem sich die Thorarollen befinden. Des Auges Ziel ist der Ort, an welchem die Rollen des Gesetzes aufgehoben sind, der Ort, in dessen Richtung sich der Körper im Gebet wendet.

Neben dem Verrichten des Gebetes soll an diesem Versammlungsort die Lehre in die Mitte des Volkes getragen werden. Deshalb befindet sich der Almemor, der erhöhte Tisch, auf dem die Pergamentrollen der Thora entrollt werden und an dem der dem Tage entsprechende Abschnitt gelesen wird, in der Mitte des Raumes. Vom fernen Ziel des Ortes her, an dem der Tempel in Jerusalem stand und in dessen Richtung das Gebet geschickt wird, wendet sich nun die Gemeinschaft der Mitte, der Lehre, zu.

Zwei Orte gibt es also in der orthodoxen Synagoge, denen sich der jüdische Mensch zuwendet. Die Hauptaufgabe ist es deshalb, diese beiden Elemente, das Randelement mit dem zentralen, harmonisch zu verbinden.

In der liberalen Synagoge befindet sich der Vorlesetisch vor dem Thoraschrein, nicht in der Mitte des Raumes. Bei dem Bau der Synagogen habe ich daher, dem Charakter und dem Wunsche der Gemeinden entsprechend, auch verschiedentlich das Vorlesepult vor dem Thoraschrein angeordnet.«

Synagoge Offenbach

(erbaut in den Jahren 1955–1956)

»Die Gemeinde Offenbach faßte als erste jüdische Gemeinde in Hessen den Entschluß, ein neues Gotteshaus zu errichten, und der Gemeindevorstand übertrug mir die Planung und Bauleitung. Als jüdischer Architekt war es für mich ein Erlebnis von besonderer Bedeutung, eine der ersten Synagogen im Nachkriegsdeutschland zu erbauen. Dazu ein kleines Erlebnis: Während der Bauarbeiten kam ein Zeitungsreporter auf mich zu und sagte: ›Bitte, seien Sie nicht böse, wenn ich die folgende Frage an Sie stelle: Woher nehmen die Juden den Mut, nach alldem, was in Deutschland geschehen ist, hier noch Synagogen zu bauen?‹ Die Antwort, die ich ihm geben konnte,

(Abb. 2) Modell der Synagoge für die Jüdische Gemeinde in Offenbach

(Abb. 3) Synagoge Offenbach, Innenansicht mit Almemor und Thoraschrein. Aufnahme aus dem Jahr 1988

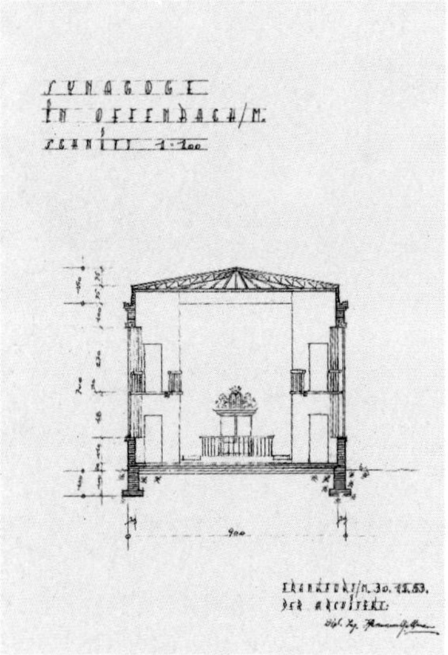

(Abb. 4) Querschnitt durch die Synagoge Offenbach, Entwurfsplanung 1953

steht heute für jeden sichtbar eingemeißelt in schwarz-schwedischem Granit über dem Eingangstor der Synagoge: ›An jeder Stelle, an der Du meinen Namen nennen wirst, werde ich kommen und Dich segnen!‹ Unser tiefer Glaube und der fast uferlose Optimismus waren es, die uns wieder leben und hoffen ließen.

Da die Jüdische Gemeinde Offenbach im Verhältnis zu der vor 1933 existierenden klein ist und die Mitglieder über die ganze Stadt verstreut wohnen, ging es darum, den jüdischen Menschen eine Basis zu schaffen, von der aus neues jüdisches Leben ausgehen könne, eine Stätte, in der sie neben dem Gottesdienst sich auch gesellschaftlich näherkommen und zueinander finden können. Diesem Bedürfnis galt es beim Entwurf Rechnung zu tragen.

Die neue Synagoge Offenbach kam gegenüber der ehemaligen in der Kaiserstraße zu stehen.

Die Anlage liegt in einem Garten und besteht aus der Synagoge, einem kleinen Zwischentrakt und einem Gemeindehaus, in dem ein Saal, eine Wohnung für den Gemeindevorsteher und Büros für die Gemeindeverwaltung untergebracht sind.

Die Synagoge ist nach moderner Art erbaut. Die Außenmauern des eigentlichen Tempels sind abgerundet. Das Portal besteht aus einem Glaseingang in einem Rahmen aus schwarz-schwedischem Granit. Darüber

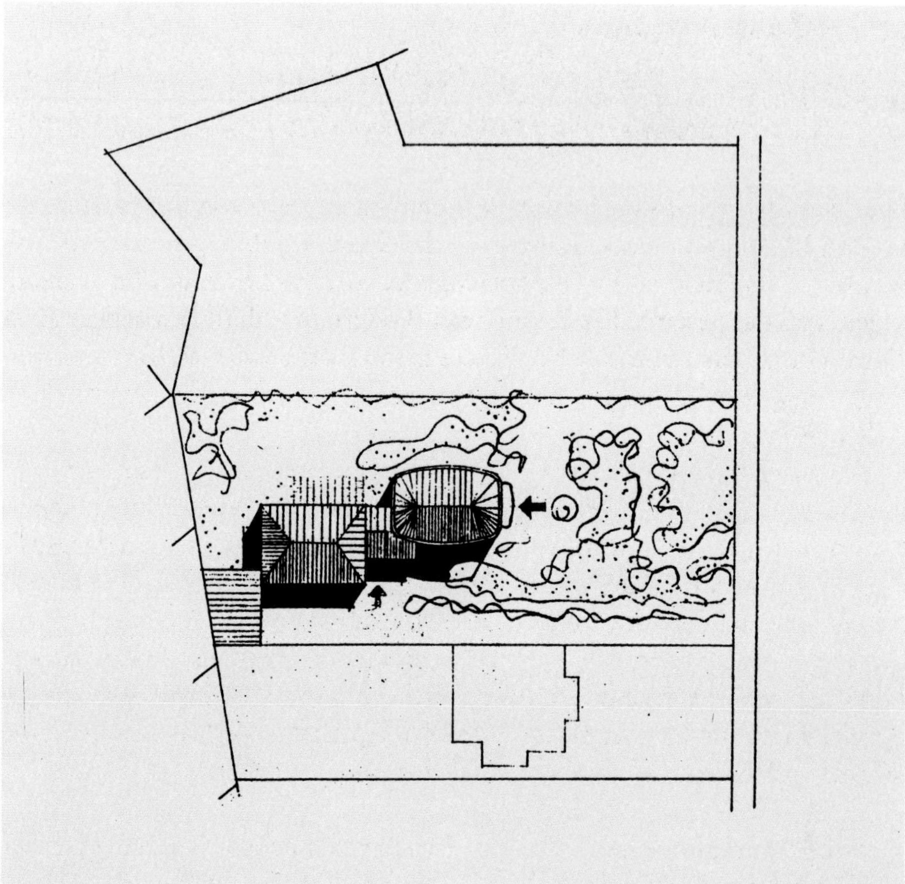

(Abb. 5) Lageplan von Synagoge und Gemeindehaus in Offenbach, Entwurfszeichnung um 1953

(Abb. 6) Synagoge Offenbach mit Gemeindesaal, Ansicht von Westen. Aufnahme aus dem Jahr 1988

befindet sich ein rundes Fenster mit dem Zionstern. Dieses wie auch die großen Fenster an den Seitenwänden des Synagogenbaukörpers sind bleiverglast. Das Dach ist in Kupfer eingedeckt. Zur Konstruktion wäre zu sagen, daß das gesamte Dach von zwei Bindern in stahlfiligranartiger Ausführung und einer ebensolchen Pfette getragen wird. Diese Konstruktion trägt auch die abgehängte Decke mit ihren Vouten und der indirekten Beleuchtung.

Trotz der modernen Form ist das liturgisch-orthodoxe Gesetz und die Tradition eingehalten: Dem Eingang gegenüber, am Ende der Hauptachse, die im Sinne der Liturgie in Ost-West-Richtung verläuft, steht in der Apsis der Thoraschrein. In der Mitte des Raumes ist der Platz der Bima (auch Almemor genannt), des Pultes, an welchem während des Gottesdienstes die Thora gelesen wird. Das Ewige Licht an der Ostwand – eine Sonderkonstruktion – symbolisiert die jüdische Diaspora, künstlerisch ausgedrückt durch die Feuersäule und die Wolke, die das Volk Israel durch die Wüste und in das Gelobte Land führten.«

Anläßlich der Einweihung der Offenbacher Synagoge, am 2. September 1956, berichtete der Vorsitzende der Jüdischen Gemeinde Offenbach/Main,

Max Willner, daß die Stadt Offenbach zweimal das Angebot für den Bau einer Synagoge an Stelle des im Jahre 1938 entweihten jüdischen Gotteshauses gemacht habe. Die wenigen Juden, die nach 1945 zurückgekehrt waren, seien aber der Meinung gewesen, daß es in Offenbach keine jüdische Gemeinde mehr geben werde. (Heute zählt die Jüdische Gemeinde Offenbach ungefähr eintausend Mitglieder.) Als sich dann später doch eine jüdische Gemeinde installiert habe und diese an die Stadt und an die Landesbehörden herangetreten sei, um den Bau einer Synagoge zu ermöglichen, sei dieser Bitte großzügig entsprochen worden.

Aus einem Grußwort zur Synagogen-Einweihung vom früheren Vorsitzenden der Israelischen Religionsgemeinde Offenbach am Main, Dr. Siegfried Guggenheim:

»Wie der Synagogenbrand ein Zeichen dafür sein sollte, daß alle Verbindung der deutsch-christlichen Kultur mit dem jüdischen Mutterboden gelöst und ausgelöscht sei – so haben Magistrat und Bürgerschaft der Stadt Offenbach am Main durch Anregung und Förderung des Synagogen-Neubaus die geschichtliche Verbindung wiederhergestellt und ihrer Wertschätzung jüdischen Geisteslebens Ausdruck gegeben. Zugleich haben Sie anerkannt, daß freie Ausübung der Religion in der Überlieferung der Ahnen ein unabänderliches Recht des freien Bürgers ist. So sei es denn! Weihet diese Stätte, lasset Euch weihen von ihr, daß Ihr das verpflichtende Erbe der einst blühenden Offenbacher Jüdischen Gemeinde in Eurer Weise fortsetzen könnt in der Erziehung zu Menschen, die es wissen und erfahren, daß trotz allem, was uns geschehen ist, die jüdische Weisung lautet:

›nicht nachtragen, nicht hassen, Gott lieben mit ganzem
Herzen, mit ganzer Sache und mit ganzer Kraft
und Du sollst Deinen Nächsten lieben, er ist wie Du.‹

(III. Buch Mose, Kap. 19, Vers 17 und 18)«

Über die Einweihung der Synagoge Offenbach schrieb die Offenbacher Post vom 3. September 1956:

»Ein Wahrzeichen der Toleranz – Jüdische Gemeinde Offenbach hat wieder eine Synagoge. Fast achtzehn Jahre nach der Schreckensnacht von 1938, als auch das jüdische Gotteshaus in der Goethestraße entweiht wurde, öffneten sich gestern, wenige Tage vor dem jüdischen Neujahrsfest 5717, wieder die Tore einer Synagoge in Offenbach zum feierlichen Gottesdienst. Es wurde zu einer ergreifenden Gedenkstunde an die ungezählten Opfer nazistischer Willkür und zum Gelöbnis, daß nie wieder Haß und Unduldsamkeit in dieser Stadt einziehen mögen. Die Spitzen der Behörden, Vertreter des Judentums aus dem In- und Auslande und aller nichtjüdischen Glaubensgemeinschaften in Offenbach hatten mit bedeckten Häuptern in dem kleinen modern und würdig gestalteten Kirchenraum

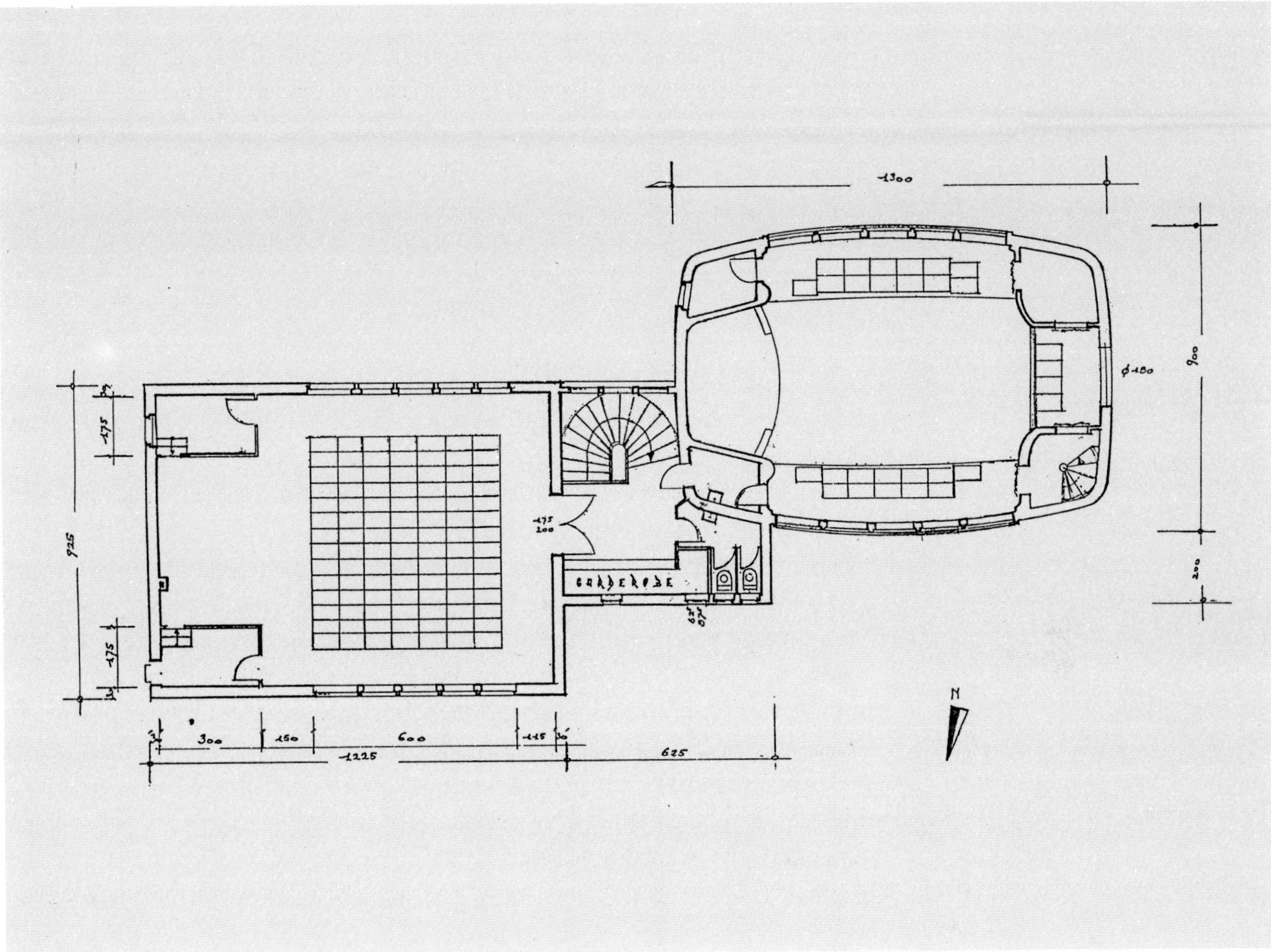

in der unteren Kaiserstraße Platz genommen. Von der Empore erlebten die Damen den Gottesdienst als Zuschauerinnen.

Sonnenlicht strömte durch die hohen Fenster des in hellen freundlichen Farben gehaltenen Gotteshauses. An der rot-braunen Marmorwand der Stirnseite strahlte der siebenarmige Leuchter – das Symbol des Judentums – und links vom Heiligen Schrein die beiden Kerzen für die Gedenktage der Toten. Über der Lade künden zwei steinerne Gesetzestafeln – von den goldenen Löwen Judas gehalten – die zehn Gebote Gottes.«

(Abb. 7) Synagoge und Gemeindehaus in Offenbach, Grundriß des Emporen- und Obergeschosses, Plan aus dem Jahr 1953

Synagoge Düsseldorf

(erbaut in den Jahren 1956–1958)

»Die veränderte Struktur der jüdischen Gemeinden im Nachkriegsdeutschland bedingt, da selbst die größeren Gemeinden relativ klein sind und oft genug weniger als eintausend Mitglieder zählen, auch völlig neue Ausgangspunkte, wenn ein Zentrum errichtet wird, das Mittelpunkt des Gemeindelebens sein soll. Die Synagogen, die nach 1945 erbaut wurden, sind folglich stets in einen Gesamtkomplex mit Schul-, Gesellschafts- und Verwaltungsräumen und kleineren Betsälen einbezogen worden.

Folglich galt es bei dem Neubau der Düsseldorfer Synagoge, Räume zu gestalten, die für Veranstaltungen jeglicher Art geeignet sind und die dem Charakter eines Gemeindezentrums Rechnung tragen. Die Synagoge und das Gemeindehaus sind, obgleich sie eine räumliche Einheit bilden, als zwei individuelle Bauwerke zu betrachten. Verwaltungsräume, in denen die Büros der Synagogengemeinde, des Landesverbandes der Jüdischen Gemeinden von Nordrhein und der ›Allgemeinen Wochenzeitung der Juden‹ (die Zeitung hat heute ihren Sitz in Bonn) untergebracht sind, gehörten zu den selbstverständlichen Forderungen, die gestellt wurden. Für den regelmäßigen Religionsunterricht wurde ein Klassenraum geschaffen, in dem ungefähr dreißig Kinder unterrichtet werden, während den Jugendlichen in einem anderen Raum Gelegenheit gegeben wird, zusammenzukommen und Kontakte herzustellen, die für das Leben und die Zukunft der jüdischen Gemeinschaft in Deutschland lebensbestimmend sind. Für den Bücherbestand der Gemeinde wurde eine Bibliothek eingeplant, an die ein kleiner Klubraum angrenzt, der auch als Lesezimmer dient und für alle offensteht.

Ein kleinerer Betsaal gehört heute zu den Notwendigkeiten eines Gemeindezentrums, denn die Kapazität der großen Synagogen wird nur an den Feiertagen und am Schabbath voll ausgenutzt. Der Betsaal im Düsseldorfer Gemeindehaus bietet siebzig Menschen Platz. Er ist holzgetäfelt, und in diese Täfelung sind der Thoraschrein und die Schränke für die Gebetbücher und Kultgegenstände eingelassen. Die Fenster aus Echt-Antik-Danziger-Überfangglas sollen in ihrer leuchtenden Farbigkeit und mit den charakteristischen Emblemen der jüdischen Glaubenswelt gleichsam Symbol für die weite Unendlichkeit sein, in der jede echte Frömmigkeit ihre wahre Heimat findet.

(Abb. 8) Hermann Guttmann, vordere Reihe, dritter von links, im Kreise der Gemeindevertreter der Jüdischen Gemeinde Düsseldorf bei einer Besichtigung des Modells für die Düsseldorfer Synagoge mit Gemeindehaus und Wohnhaus.

Bei der Lösung aller technischen Probleme war es leitendes Prinzip, Schönheit und Nützlichkeit zu einer harmonischen Synthese zu verbinden. Zum Beispiel soll der für dreihundertfünfzig Menschen bestimmte Festsaal nicht auf einige wenige Verwendungsmöglichkeiten begrenzt werden. Für Vorführungen jeder Art gedacht, ist der Saal mit einer Bühne und Künstlergarderobe ausgestattet worden. Gleichzeitig dient er als Versammlungsort an Feiertagen. Neben der großen Küche, in der Mahlzeiten zu allen Feiertagen zubereitet werden können, wurde folglich noch eine kleine Teeküche gebaut, die sich an der Bühnenseite befindet und im Bedarfsfalle als zweite Künstlergarderobe hergerichtet werden kann. Eine Faltwand ermöglicht es, den Festsaal aufzuteilen, um eine intime Atmosphäre bei kleineren Versammlungen zu wahren. Auch für Filmvorführungen wurden die notwendigen Vorkehrungen getroffen.

Der Garten wurde in die Planung einbezogen. So hat man die erforderlichen Garagen unter der Erde angelegt, um nicht die Grünanlage zu dezimieren. Bei besonderen Anlässen führen alle Eingänge des Festsaals zum Garten hinaus, so daß die Gartenanlage, das geräumige Foyer und der große Saal eine geschlossene Einheit bilden.

Im Keller des Hauses ist neben technischen und sanitären Einrichtungen die Mikwah – das Ritualbad – gebaut worden. Die Konstruktion wurde getreu den rituellen Vorschriften ausgeführt; das vom Dach gesammelte Regenwasser wird in den Keller geleitet, in dem sich die mit dem Tauchbassin verbundene Sammelgrube befindet. Die Mikwah ist nach modernsten Gesichtspunkten geplant worden: Ruheraum, Duschen, Bäder usw. konnten untergebracht werden. Im obersten Geschoß wurden neben der Hausverwaltung zwei Fremdenzimmer für Besucher der Gemeinde eingerichtet.

Die Trennung der Synagoge vom Gemeindehaus hat mehr als nur städtebauliche Gründe, denn der spezifische Charakter eines Gotteshauses soll auf jeden Fall gewahrt werden. Es ging mir vor allem darum, eine

(Abb. 9) Synagoge Düsseldorf, Entwurfsskizzen, Westansicht mit Synagoge und Gemeindesaal, Südansicht mit Wohnhaus

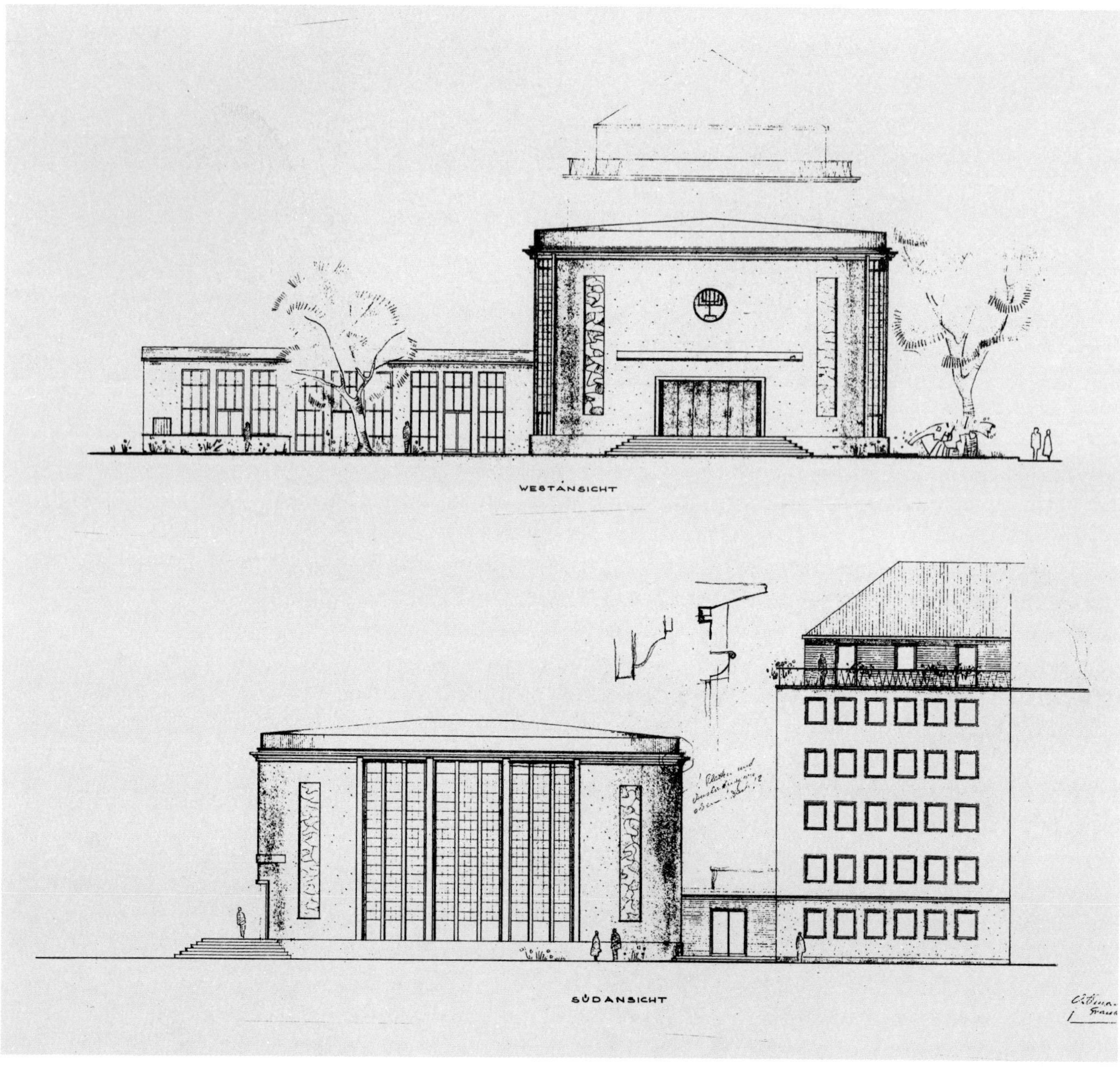

(Abb. 10) Synagoge Düsseldorf, Vorderansicht mit Hauptportal und Blick auf die an der Südseite angeordnete große Fensterfront. Dahinter schließt sich das Wohnhaus an. Aufnahme aus dem Jahr 1958

düstere Stimmung zu vermeiden, die für Synagogen aus früherer Zeit häufig kennzeichnend ist. Der Geborgenheit, nach der unsere Zeit verlangt, wird durch ein lebensbejahendes Element Ausdruck gegeben. Hier ist es die Geborgenheit in Gott.

Der erste Eindruck, den man von dem Synagogenbau erhalten mag, ist kennzeichnend für den gesamten Komplex. Angefertigte Stahlbetonpfeiler stützen die Empore und die freigespannte Kuppel, die in Kupfer abgedeckt ist und deren Ausmaße in einer Achse 20 Meter und in der Längsachse 24 Meter betragen. Die Scheitelhöhe mißt 14,5 Meter über dem Fußboden. Eine großzügig angelegte Freitreppe führt zu dem Eingang hinauf, über dem in schwarz-schwedischem Granit das Wort aus dem 45. Psalm eingraviert ist: ›Ewiger, ich liebe die Stätte Deines Hauses, den Ort, wo Deine Ehre thront‹. Über diesen Worten ist in ein rundes Fenster der siebenarmige Leuchter eingefaßt. Die Embleme der zwölf Stämme Israels – in Blattgold – schließen gewissermaßen den Zyklus zeitloser Ornamentik. Sie sind an schwarzen Eisengittern angebracht, die vor den zwei großen Fenstern am Eingang aufgestellt sind. Überhaupt wurden die Fenster in dem gesamten Bau als dekorative Elemente verwandt. Die in Travertin verkleideten Mauern werden alle durch die Wirkung der Fenster aufgelockert. Der Haupteingang ist in grauem Spiegelglas gehalten und in Granitrah-

(Abb. 11) Synagoge Düsseldorf, Grundriß des Erdgeschosses, Ausführungszeichnung

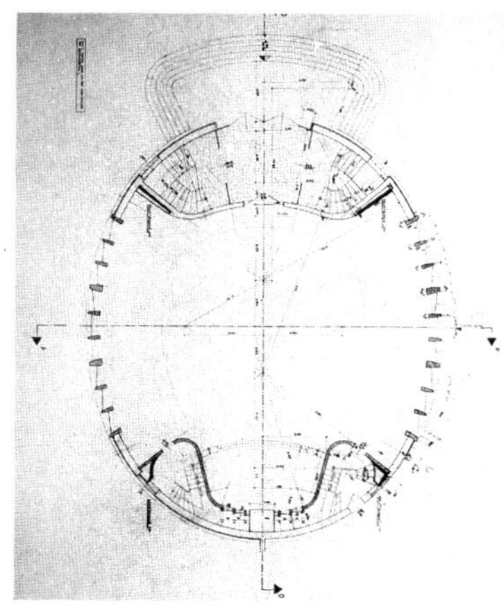

men eingefaßt. Auf den Glastüren steht in Bronzebuchstaben eine aus dem 150. Psalm entnommene Inschrift mit den entsprechenden Darstellungen: ›Preiset Ihn mit dem Schmettern der Posaune, preiset Ihn mit Zither und Harfe, preiset Ihn mit Pauke und Reigen, preiset Ihn mit Saitenspiel und Flöte‹.

Das Gotteshaus faßt ungefähr vierhundert Menschen. Im Erdgeschoß ist Raum für 250 Männer und auf der Empore für 150 Frauen. Neuartig sind die Gebetpulte, bei denen das Gebetbuch je nach Bedarf – ob der Betende sitzt oder steht – gelagert werden kann.

Der mit Marmor verkleidete Thoraschrein ruht in einem Glasbogen. Hierfür ist das in vielen Farben und Zwischentönen reflektierende Glas eigens angefertigt worden. Auf dem Schrein steht ein Marmorblock mit den Gesetzestafeln und einer abstrakten Darstellung des brennenden Dornbusches. An der einen Seite des Schreins befindet sich ein siebenarmiger Leuchter, an der anderen das Jahrzeitlicht. Sie alle sind in schlichtester Weise gestaltet worden, um Ehrfurcht und Ewigkeit auszudrücken. Im Zionstern brennt das Ewige Licht, und die Lampe besteht aus einer Messingkugel und Einsätzen aus Kristallglas. Außer den ungefähr einhundert Strahlern, die das Synagogeninnere beleuchten, tritt aus den Simsen, die den ganzen Bau umgeben, indirektes Licht hervor. Auf der Empore wurden der Chor und das Harmonium untergebracht.

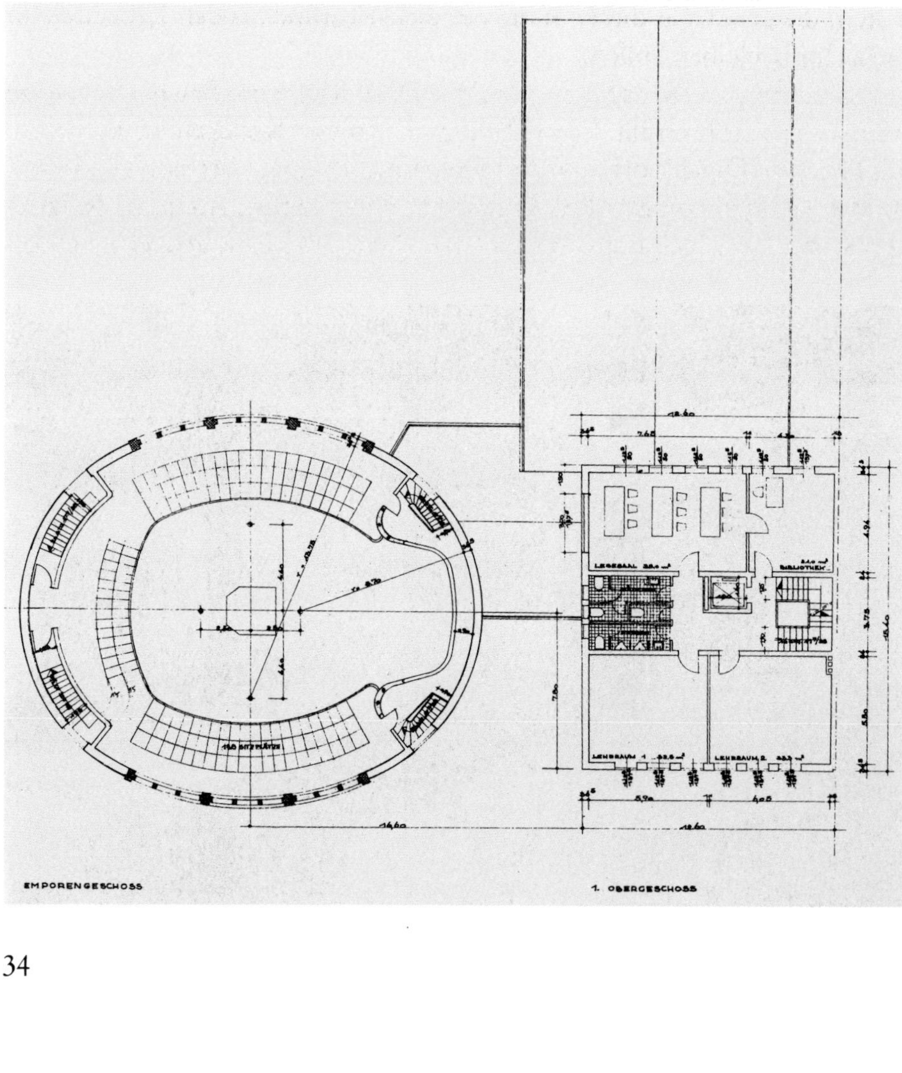

(Abb. 12) Synagoge Düsseldorf, Grundriß des Emporengeschosses mit anschließendem Obergeschoß des Gemeindehauses, Entwurfsplanung

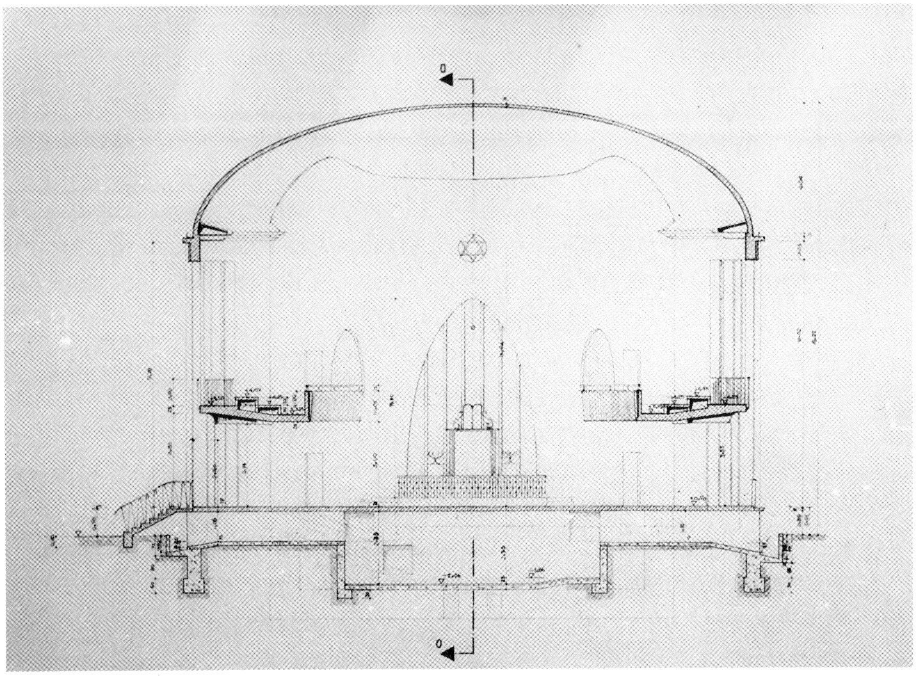

(Abb. 13) Synagoge Düsseldorf, Querschnitt, Innenansicht, Ausführungszeichnung

Das neuerbaute Gotteshaus ist zugleich Bestandteil der Gegenwart und Mahnung an die Vergangenheit, ohne welche die Gegenwart leer und seelenlos ist. An der Wand verewigen zwei Gedenktafeln die Namen der Toten, die gerade an dieser Stätte des Sichselbstfindens den Lebenden im Gedächtnis bleiben sollen.

Der Auftrag der Synagogengemeinde Düsseldorf zum Bau der Synagoge hat mich mit Stolz erfüllt. Mein Dank geht an meine Kollegen – Oberbaurat Karl Knoop (Düsseldorf) und Architekt Otto Esser (Düsseldorf) –, die mir bei der verantwortungsvollen Aufgabe geholfen haben. An dieser Stelle sei es gestattet, der Hoffnung Ausdruck zu geben, daß ich die in mich gesetzten

(Abb. 14) Synagoge Düsseldorf, kleiner Betsaal im Gemeindehaus, das sich an die Synagoge anschließt und zusammen mit dem Wohntrakt das Gemeindezentrum bildet

Erwartungen erfüllt habe. Mein noch sehnlicherer Wunsch ist es, daß an dieser Stätte für alle die Allgegenwärtigkeit Gottes stets bestimmend bleibe und das biblische Wort Verwirklichung finde: ›Denn mein Haus ist eine Stätte des Gebets, in das alle Völker gerufen werden‹.«

Ein Glückwunschschreiben des damaligen Bundeskanzlers Konrad Adenauer gibt Zeugnis von der Bedeutung, die der ersten neuerbauten größeren Synagoge in der Bundesrepublik Deutschland zukam:

»Ich beglückwünsche die Synagogengemeinde Düsseldorf zur Einweihung ihrer neuen schönen Synagoge. Durch sie wird die Gemeinde nach nahezu zwanzig Jahren wieder einen würdigen Mittelpunkt ihres religiösen und kulturellen Lebens erhalten. Die Bundesregierung sieht in dem Wiedererstehen jüdischer Gotteshäuser einen sichtbaren Beweis für die Erfolge ihrer Wiedergutmachungspolitik und eine Bestätigung der in der Bundesrepublik gewährleisteten Freiheit des religiösen Bekenntnisses und der kulturellen Betätigung. Seit Jahrhunderten haben Menschen jüdischen Glaubens entscheidende Beiträge zur Entwicklung des deutschen und europäischen Geisteslebens und der Wirtschaft geleistet. Ich wünsche den neu entstandenen deutschen Synagogengemeinden von Herzen eine glückliche Zukunft.«

Anläßlich der Einweihung von Synagoge und Gemeindezentrum in Düsseldorf am 7. September 1958 äußerten sich die Berichterstatter von Tagespresse, Wochenblättern und Fachzeitschriften.

(Abb. 15) Entwurfszeichnung für die Synagoge Düsseldorf, Innenansicht, Perspektive, entstanden um 1955

So schrieb die Rheinische Post: »Fast will es scheinen, als ob dieses Bauwerk in seiner Gesamtheit (Synagoge, Gemeindehaus und Grünanlage) als ein Musterbeispiel für die Stadtplanung in Düsseldorf angesehen werden muß.« – Und an anderer Stelle: »Wenn am Sonntag mit einem feierlichen Gottesdienst um 11 Uhr die neue Synagoge an der Mauer-, Ecke Zietenstraße, eingeweiht wird, ist die Freveltat der Kristallnacht von 1938, in der auch die Synagoge an der Kasernenstraße in Flammen aufging, wenigstens äußerlich gesühnt. Die Jüdische Gemeinde Düsseldorf mit rund 1 000 Mitgliedern, darunter 100 Kinder unter 15 Jahren – vor sechs Jahren waren es nur drei Kinder – hat dann wieder einen religiösen und kulturellen Mittelpunkt mit Lesesaal und Bibliothek, Schulräumen und Vortragssälen. An der Freude der Jüdischen Gemeinde nimmt ganz Düsseldorf herzlich Anteil. Doch auch Bundeskanzler Dr. Adenauer, Ministerpräsident Dr. Franz Meyers und Landtagspräsident Gockeln haben herzliche Glückwunschschreiben gesandt.«

In der Tageszeitung Der Mittag, Verlagsort Düsseldorf, heißt es: »Dem Gemeindeleben unserer jüdischen Mitbürger ist damit ein Kristallisationspunkt gegeben worden, von dem sich die Repräsentanten des Düsseldorfer Judentums reiche Ausstrahlungen versprechen.«

(Abb. 16) Synagoge Düsseldorf, Innenansicht nach Osten mit Blick auf den Thoraschrein, die Fensterbogen und die Emporen, auf denen sich die Plätze für die Frauen befinden

In der Neuen Rhein-Zeitung wird festgestellt: »In der Tat hat der Frankfurter Architekt Hermann Guttmann hier etwas Vorbildliches geschaffen. Der Rundbau mit ovalem Grundriß, der 400 Menschen faßt und allen Düsseldorfern zugänglich ist, hat außen und innen eine edle Form.«

Die Düsseldorfer Nachrichten überschrieben ihren Beitrag über die Einweihung der Synagoge mit den Worten: »Bau voll Farbe und Licht«: »Bei der neuen Synagoge ist die düstere Stimmung vermieden, die für jüdische Tempel aus früheren Zeiten so charakteristisch war . . . Wir wollen leben, unser Optimismus erlaubt uns diesen Bau, sagte der Architekt, Dipl.-Ing. Hermann Guttmann (Frankfurt a. M.), bei der Führung durch das neue Zentrum des religiösen und kulturellen Gemeindelebens.«

Die Jüdische Illustrierte, eine Zeitschrift für die jüdischen Festtage, schrieb: »Die architektonische Planung, die in Händen von Dipl.-Ing. Hermann Guttmann lag, hat eine ideale Synthese zwischen traditionellem Synagogenbau und modernem Stil gefunden.«

In der Düsseldorfer Tageszeitung war zu lesen: »In einem feierlichen Gottesdienst feierte gestern morgen die Jüdische Gemeinde Düsseldorfs die Einweihung ihrer neuen Synagoge an der Mauerstraße . . . Kurz vorher hatte der Gemeindevorstand im stillen Gedenken Blumen an der mahnenden Inschrift auf der Kasernenstraße niedergelegt, auf der in der berüchtigten und beschämenden ›Kristallnacht‹ des Jahres 1938 das jüdische Gotteshaus den Flammen des Terrors und Wahnsinns zum Opfer gefallen war.«

Karl Marx, Begründer und Herausgeber der Allgemeinen Wochenzeitung der Juden in Deutschland (heute Organ des Zentralrates der Juden in Deutschland) schrieb: »Die neue Synagoge der Düsseldorfer Gemeinde ist der Neubeginn jüdischen Lebens, das von dem nationalsozialistischen Regime so gewaltsam unterbrochen wurde. 13 Jahre nachdem die ersten Überlebenden der Konzentrationslager physisch und psychisch gebrochen vor den Trümmern einer Welt standen, die sie verloren glaubten, und die ersten Rückwanderer aus der Emigration zurückkehrten, gehen jüdische Menschen wiederum daran, dem geistigen und religiösen Leben ein neues und bleibendes Zentrum zu geben . . . Der erste Eindruck, den man von dem Synagogenbau erhält, bestimmt das zum Gesamtkomplex entstehende Verhältnis: keine leere Monumentalität, kein prunkvoller Pomp, dafür aber Ausgeglichenheit, architektonische Schönheit und jene Art von Schlichtheit, die um ihrer selbst willen wirkt, weil sie nicht nach dem Effekt sucht.«

(Abb. 17, gegenüberstehende Seite) Synagoge Düsseldorf, Innenansicht, mit Thoraschrein und parabelförmigem buntem bleiverglastem Bogenfenster

כ ת
זכור את יום השבת לקדשו

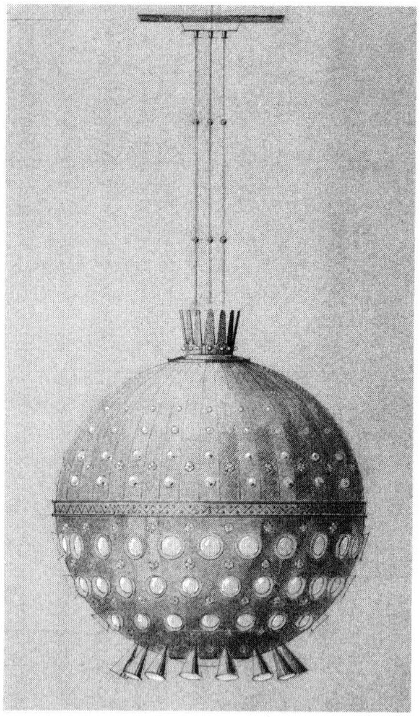

(Abb. 18) Synagoge Düsseldorf, Hängeleuchter, Ausführungszeichnung, Material: Messing und Kristallglas

(Abb. 19) Beleuchtete Synagoge Düsseldorf, mit Blick auf bleiverglaste Fenster und den Haupteingang, darüber Rundfenster mit Menorah

Synagoge Hannover

(erbaut in den Jahren 1961–1963)

Die nachstehende Beschreibung, die Guttmann über die Synagoge und das Gemeindezentrum, die er in Hannover erbaut hatte, anfertigte, ist der Festschrift »Leben und Schicksal« entnommen, die anläßlich der Einweihung der Anlage im November 1963 vom Presseamt des Landesamtes Hannover in Zusammenarbeit mit der Jüdischen Gemeinde Hannover herausgegeben wurde.

Auf die einleitenden Ausführungen, die diesem Beitrag vorangestellt sind und sich mit Struktur und Zusammensetzung der jüdischen Gemeinden in der Bundesrepublik Deutschland und den Aufgaben befassen, die den Gemeindezentren, wie Guttmann sie plante und erbaute, zugeordnet sind, wurde – um Wiederholungen zu vermeiden – verzichtet.

Die Mitgliederzahl der Jüdischen Gemeinde Hannover betrug zu Beginn der sechziger Jahre 450 Mitglieder. Die ehemalige jüdische Gemeinde hatte in ihrer Blütezeit bis zur Machtergreifung der Nazis zwischen 5 000 und 5 500 Mitglieder.

Die Gesamtanlage des Zentrums in Hannover, das – wie Guttmann in seinen Vorbemerkungen schreibt – alle Gemeindemitglieder, Jung und Alt, anziehen soll, wird von ihm in drei Komplexe aufgeteilt: 1. die Synagoge, 2. das Gemeindezentrum, 3. den Wohnteil.

»Der Wohnteil, nach modernen Gesichtspunkten erbaut, umfaßt 24 Wohneinheiten. Diese schuf die Jüdische Gemeinde für ihre Mitglieder, um ihrer Wohnungsnot Rechnung zu tragen. Es wurden aber auch Wohnungen an nichtjüdische Mitbürger vermietet. Das Haus hat eine Dachterrasse, von der man einen schönen Ausblick auf die Stadt hat und die auch für die Mieter zugänglich ist, und eine Tiefgarage.

Das Gemeindezentrum umfaßt eine Reihe von Einrichtungen, die den Belangen der Gemeindemitglieder dienen sollen. So stehen die Büros der Verwaltung hier mit Rat und Tat zur Verfügung.

Der Landesverband der Jüdischen Gemeinde Niedersachsens hat hier seine neuen Räume. Für die Bücher der Jüdischen Gemeinde wurde eine Bibliothek eingerichtet, in der auch das Archiv untergebracht ist.

Der Gemeindesaal soll vielen Zwecken dienen, vor allem den Veranstaltungen der Gemeinde anläßlich der verschiedenen Feiertage. Hier bringen Künstler ihre Darbietungen, Redner halten ihre Vorträge usw. Es

(Abb. 20) *Hannover, Synagoge im Rohbau*

wird daran gedacht, diesen Saal für Veranstaltungen wissenschaftlicher, literarischer und künstlerischer Art auch anderen Organisationen zur Verfügung zu stellen.

Der Pflege des gesellschaftlichen Lebens dienen auch der Klubraum und die danebenliegende kleine Bartheke, in der, den heutigen Gepflogenheiten entsprechend, auch die Jugendlichen alkoholfreie Getränke einnehmen können.

Im Gemeindezentrum befinden sich auch das Jugendzentrum und der Kindergarten. Im Jugendzentrum ist ein Raum wie ein Klassenzimmer eingerichtet, der der politischen Erziehung der Jugendlichen und dem Religionsunterricht dienen soll. Zwei andere Räume bieten Gelegenheit für Spiel und handwerkliche Betätigung. Den Jugendleitern steht ein besonders für sie eingerichteter Raum zur Verfügung, in dem auch die Utensilien untergebracht werden. Außer den sanitären Einrichtungen befindet sich hier eine kleine Teeküche, die von der Jugend selbst verwaltet wird und die dazu beitragen soll, daß die Jugend sich in diesem, ihrem Jugendzentrum wie in einem eigenen Heim fühlt; deshalb gibt es auch einen besonderen Zugang zu dieser Anlage. Der Kindergarten ist nach modernen Aspekten

(Abb. 21) Synagoge mit Gemeindezentrum für die Jüdische Gemeinde Hannover, der Architekt mit dem Modell an der Baustelle

eingerichtet. Er enthält eine Garderobe für die Kinder, eine kleine Teeküche, einen Raum für die Leiterin und das Personal, einen Ruhe- und Liegeraum für den Nachmittagsschlaf, einen Tagesraum – einen hellen sonnigen Pavillon – und eine den besonderen Vorschriften entsprechende sanitäre Anlage. Vom Pavillon führt ein direkter Ausgang in einen Garten mit Spielplatz und Geräten.

Im Keller befinden sich neben der ölgefeuerten Zentralheizung technische und sanitäre Einrichtungen. Auch wurde dort die Mikwah getreu den rituellen Vorschriften eingebaut. Das vom Dach des Wohnhauses kommende Regenwasser fließt durch den Keller in die Grube, welche mit dem Tauchbassin verbunden ist.

Die Mikwah ist nach modernsten Gesichtspunkten eingerichtet worden. Sie umfaßt einen Ruheraum, Bäder, Duschen, und auch eine kleine Sauna ist angeschlossen.

Viele Jahre mußte der größte Teil der Mitglieder der Jüdischen Gemeinde der körperlichen Ertüchtigung entbehren und in Verhältnissen leben, die dazu angetan waren, jede Entwicklung auf diesem Gebiete verkümmern zu lassen. Um diesen Menschen einen kleinen Ausgleich zu bieten und um eine

(Abb. 22, gegenüberliegende Seite) Synagoge Hannover, Ansicht von Südosten

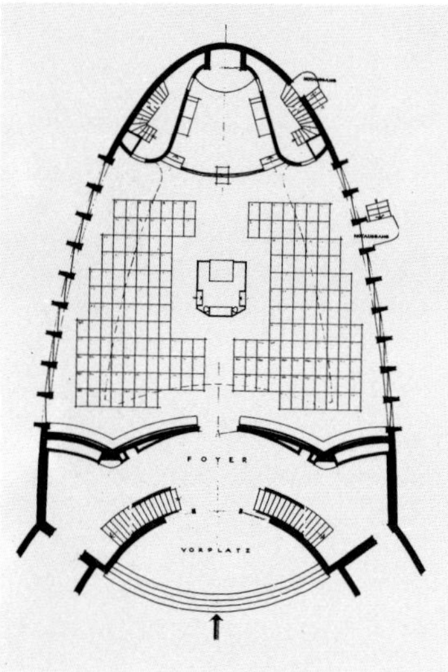

(Abb. 23) Synagoge Hannover, Grundriß des Erdgeschosses mit Sitzplätzen für Männer

weitere gesellige Sammelstätte zu schaffen, wurde auch eine vollautomatische Kegelbahn erstellt.

Ein wesentlicher Bestandteil des Gemeindezentrums ist die kleine Betstube. Sie befindet sich, wie auch der Klub, die Garderobe und die Großküche, im Erdgeschoß des Wohnhauses. Gottesdienste werden hier besonders für die Jugend abgehalten; im Winter auch für Erwachsene, damit nicht die große Synagoge benutzt werden muß, wenn nur eine kleine Anzahl von Besuchern kommt.

Die Vielfalt der Aufgaben, die das Gemeindezentrum erfüllen soll, bedingt eher eine Ähnlichkeit mit den Bethäusern der Gemeinden in weit zurückliegender Vergangenheit als mit den Synagogen der letzten einhundertfünfzig Jahre in Westeuropa.

Von Westen her betritt man durch eine leichte Pergola den südlichen Teil der Anlage. Ein kleiner ovaler Garten mit einem Brunnen in der Mitte breitet sich aus, im Süden abgeschlossen durch einen Umgang mit einem Gesellschaftsraum und der Sukka, der Laubhütte, während sich nördlich der Gemeindesaal anschließt.

Im Osten erhebt sich die Synagoge. Ihr emporschwingendes Dach wird getragen von vorgefertigten Pfeilern, die bis zu achtzehn Meter hoch sind. Diese Pfeiler sind aus einer besonders hellen Betonmischung hergestellt, weder innen noch außen verputzt, sondern mit einem Sandstrahlgebläse auf der Oberfläche bearbeitet. Die Stahlkonstruktion des Daches ist mit Kupfer eingedeckt, das mit seinem matten Glanz und später durch die edle Patina den würdigen Eindruck der mit römischem Travertin verkleideten Wandflächen abrunden soll. An der Ostseite der Apsiswand – an der Freundallee, dem früheren Gärtnerweg – wurde in die Travertinfläche aus gleichem Material ein Emblem, der siebenarmige Leuchter, eingearbeitet.

An der Westwand über dem Haupteingang ist in großen bronzenen hebräischen Lettern eine Inschrift zu lesen, die schon den Eingang der 1938 zerstörten Synagoge zierte. Sie lautet (Psalm 180, Vers 20):

›Dies ist das Tor für den Ewigen,
Gerechte werden hindurchschreiten.‹

Der Haupteingang besteht aus einer Glaswand mit Glastüren aus grauem Kristallglas. Die Türgriffe sind aus Bronze gegossen, und an beiden Türflügeln sind Davidsterne, ebenfalls aus Bronze, angebracht. Bronzene Inschriften befinden sich auf den seitlich der Türen noch verbleibenden Glasflächen.

Rechts: ›Aus dem 3. Buch Mose, Kapitel 19, Vers 18:
Und Du sollst Deinen Nächsten lieben wie Dich selbst‹.

Links: ›Aus dem Propheten Secharia, Kapitel 8, Vers 19:
Und die Wahrheit und den Frieden sollt Ihr lieben‹.

Im Foyer der Synagoge, zu beiden Seiten des Eingangs, befinden sich zwei kleine Waschbecken, die in die Wand eingelassen sind. Sie dienen liturgischen Zwecken. Rechts und links davon sind zwei Nischen ausgebaut, in denen Kerzen für die Toten aufzustellen sind.

Auch im Foyer sind Schrifttafeln aus Marmor angebracht. Links liest man in hebräischer und deutscher Sprache:

> ›Den Mitgliedern unserer Gemeinde, die in den Jahren der grausamen Verfolgung von 1933–1945 ihr Leben verloren, zum ewigen Andenken.‹

Der Text der rechten Tafel lautet:

> ›Dieses Gotteshaus wurde erbaut in den Jahren 1961 bis 1963 und eingeweiht am 10. 11. 1963 zum 25. Jahrestag der Zerstörung der alten Synagoge. – Die Jüdische Gemeinde Hannover‹

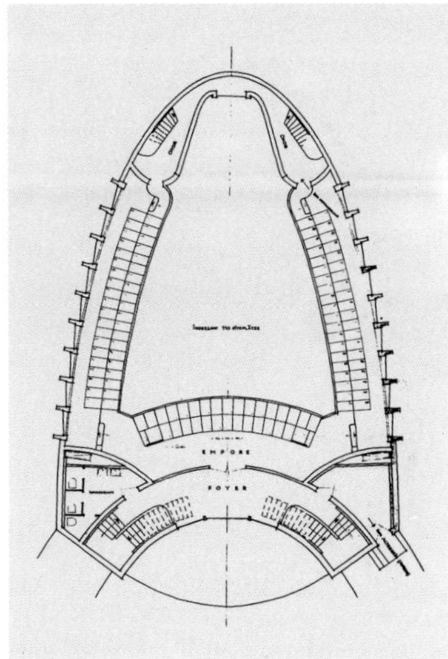

(Abb. 24) Synagoge Hannover, Grundriß des Emporengeschosses mit Sitzplätzen für Frauen

Treppen zum Kellergeschoß führen in die Garderobe und zu den sanitären Einrichtungen.

Der Grundriß des eigentlichen Tempelraumes ist parabolisch und entspricht in der Komposition den Forderungen eines nach dem Gesetz erbauten Gotteshauses. Dem Eingang gegenüber, am Ende der Hauptachse, die im Sinne der Liturgie in Ost-West-Richtung verläuft, steht in der Apsis der Thoraschrein. In der Mitte des Raumes ist der Platz der Bima (Almemor), des Pultes, an welchem während des Gottesdienstes die Thora gelesen wird.

Das Gestühl der Synagoge ist in Eiche-Natur mattiert gehalten und besitzt eine von mir entwickelte patentierte Vorrichtung, durch die man das Gebetbuch, ob sitzend oder stehend, in entsprechender Höhe vor sich hat. Insgesamt sind 300 Sitzplätze vorhanden; im Erdgeschoß 180 für die Männer und 120 für die Frauen auf der Empore. Den Chor, der ebenfalls auf der Empore Platz findet, kann der Vorbeter von unten übersehen und dirigieren. Die Chornischen sind mit der Empore durch eine Öffnung verbunden, die auch den Weg zum Notausgang in der Süd-Ost-Wand markiert.

Die Seitenwände des Tempels sind durch große Fenster gegliedert, deren Verglasung aus mundgeblasenem echt antik Danziger beiderseitigem Überfangglas angefertigt ist. Licht durchflutet den Raum. Der Sinn dieser Bauart ist es, in unserer Zeit, in der die Vernichtung fast täglich gegenwärtig ist, das Element der Furcht von einem Gotteshaus fernzuhalten und dafür die Naturverbundenheit und die große Hoffnung hineinzutragen. Möge man sich der sichtbaren Natur erfreuen und in Gott den Barmherzigen erblicken, der uns ein Leben als Menschen weiterführen lassen wird.

Die noch nach den beiden großen Glasflächen verbleibenden Innenwände im Osten und Westen sind in Mahagoniholz verkleidet. Die Form dieser Hölzer ist so gewählt, daß sie zusammen mit einer Unterfütterung aus besonderem Material den akustischen Anforderungen an den Raum entsprechen.

Die Empore, die nur an den äußeren Stützen aufgehängt ist, scheint frei im Raum zu schweben. Ihre Unterschicht ist aus Rabitz-Stuck, in den zur direkten Beleuchtung Lampen eingelassen sind. Er verbirgt auch die Lüftungs- und Heizungskanäle.

An die Dachkonstruktion ist innen eine Stuckdecke angehängt. Sie besteht aus einem höher gelegenen Seitenelement und einem niedrigeren Unterteil. Zwischen beiden ist in einer Stuck-Voute als elektrische Lichtquelle ein Leuchtstoffröhrenband eingebaut. So erhält der Raum reichlich indirektes Licht. Um jedoch die abgehängte Deckenfläche dadurch nicht dunkel erscheinen zu lassen, sind auf dem baldachinartigen Schallreflektor, der in der Apsis schwebt, Scheinwerfer versteckt angebracht, mit denen man diesen Deckenteil erhellen kann.

Die Apsis ist um drei Stufen gegenüber dem übrigen Raum erhöht und durch ein Geländer von ihm getrennt. Auf der Raumhauptachse am Geländer befindet sich in der Apsis das Rednerpult und daran angeschlossen unten im Synagogenteil das Vorbeterpult. Stühle für den Rabbiner, den Kantor und den Gemeindevorstand, die den Dienst an Feiertagen versehen, sind in der Apsis aufgestellt.

Aus grünschimmernden Onyxsteinen ist das Ewige Licht zusammengesetzt. Aus den verschiedenen Anordnungen der Flächen ergeben sich kleine Öffnungen, durch welche der Schimmer der sich im Inneren befindlichen Glimmlampe sichtbar wird. Die so ausgeführte Laterne ist unterhalb des Baldachins aufgehängt.

In der Ostwand des Raumes, dort, wo die Decke am höchsten ist, hat – wie ich schon sagte – der Thoraschrein seinen Platz. Darüber sind, aus einem Steinblock gehauen, die Zehn Gebote, gehalten von zwei Löwen, in traditioneller Form dargestellt. Eine indirekt beleuchtete, mehrfarbige bleiverglaste Wand schließt oben an den Schallreflektor an.

Mit Genugtuung und Freude schaue ich auf das Werk, das vom Tage des Entwurfsgedankens an bis zur Vollendung viel harte Arbeit erfordert hat, und ich gedenke vor allem derjenigen, die dazu beitrugen, daß mir die Verwirklichung dieses Bauwerkes ermöglicht wurde. So sei Dank ausgesprochen insbesondere dem Vorstand und der Repräsentanz sowie der Baukommission der Jüdischen Gemeinde Hannover, den Behörden und meinen Kollegen und allen, die mir bei dieser verantwortungsvollen Aufgabe geholfen haben.

Ich hoffe, daß ich die in mich gesetzten Erwartungen erfüllt habe, und es ist mein sehnlichster Wunsch, daß jedermann, der an diesem Gotteshaus vorbeigeht, die Allgegenwärtigkeit Gottes fühle.«

Die Hannoversche Allgemeine Zeitung schrieb zur Grundsteinlegung am 9. November 1960:
»Architekt Guttmann aus Frankfurt erläuterte gestern die Planung der umfangreichen Anlage, die Gotteshaus, Gemeindezentrum, Wohnstätten und rituelle Bauwerke umfassen soll ... Wie Vorsitzender (der Jüdischen

(Abb. 25, gegenüberliegende Seite) Synagoge Hannover, Blick auf den Innenraum während des Einweihungsgottesdienstes; feierlicher Umzug mit den Thorarollen

Gemeinde Hannover) Prager erläuterte, hat der Gemeindevorstand mit Bedacht den 9. November als Tag der Grundsteinlegung gewählt: vor 22 Jahren wurde die damalige Synagoge an der Bergstraße in Hannover zerstört. Daß jedoch bei den jüdischen Mitbürgern keine Bitterkeit zurückgeblieben ist, beweist die Tatsache, daß Saal und Wohnhaus auch Nichtjuden offenstehen werden.« Bei der Grundsteinlegung »verlas Prager eine kunstvoll gefertigte Bauurkunde, in der erwähnt wird, daß die künftige Synagoge der fast 400 Seelen zählenden Jüdischen Gemeinde die vierte sei, die in Hannover errichtet werde. Das Dokument trägt neben der Jahreszahl 1960 auch die der jüdischen Zeitrechnung – 5721. Zusammen mit Zeitungen und Münzen aus Israel wurde dann die Urkunde in einem Kupferbehälter in das Fundament eingemauert.«

Die Synagoge wurde am 9. November 1963 eingeweiht.

Die Hannoversche Rundschau schrieb unter der Überschrift »Die Furcht fernhalten«: »Am Sonnabend wird die jüdische Gemeinde Hannover ein neues, würdiges Zentrum für ihr religiöses, kulturelles und gesellschaftliches Leben einweihen. Die um die im Mittelpunkt stehende Synagoge angeordneten Bauwerke entstanden nach Plänen des Frankfurter Architekten Hermann Guttmann und tragen besonders der veränderten Struktur der heutigen Jüdischen Gemeinde Rechnung. Viele Mitglieder der Gemeinde sind alte Menschen, die die Zeit der grausamen Verfolgungen des Hitlerregimes überlebten. Gering ist die Zahl der zwischen 1920 und 1944 geborenen jüdischen Mitbürger. Der Bauherr mußte also einen Ort schaffen, an dem alle Altersstufen, vom Kind bis zum Greis, die ihrer Eigenart entsprechende religiöse und gesellige Gemeinsamkeit finden. Aus diesen Überlegungen entstanden die Synagogen, das Gemeindezentrum mit Festsaal, Unterrichts- und Klubräume, ein Kindergarten, Büros für die Gemeindeverwaltung, eine Bibliothek und das Archiv.«

Das Burgdorfer Kreisblatt hob hervor: »Die lichtdurchflutete Architektur des Gotteshauses und die harmonische Abstimmung der Farben sollen den Besuchern eine festliche und hoffnungsfrohe Stimmung geben und, wie der Architekt sagte, ›das Element der Furcht fernhalten‹.«

»Ein sichtbares Zeichen der Versöhnung« überschrieb die Hannoversche Allgemeine ihren Bericht, in dem es u. a. heißt: »Das neue Gotteshaus war bis auf den letzten Platz besetzt, als der Gestalter der Synagoge und des jüdischen Gemeindezentrums, Architekt Dipl.-Ing. Hermann Guttmann, dem Vorsitzenden der Jüdischen Gemeinde, Norbert Prager, mit Segenswünschen den Schlüssel für die Tür des Tempels überreichte. Norbert Prager betonte, daß ihn die Beteiligung so vieler Persönlichkeiten aus dem öffentlichen Leben mit großer Genugtuung erfülle. Von den Glückwunschschreiben, die die Gemeinde erhielt, verlas er ein Telegramm von Bundeskanzler Erhard, in dem dieser die neue Synagoge als ein wichtiges

(Abb. 26) Synagoge Hannover, Innenansicht

sichtbares Zeichen der Versöhnung bezeichnete. Dank sagte Vorsitzender Prager dem Land, der Stadt, dem Architekten und den Bauleuten für ihre Mithilfe am Bau der Synagoge.«

In der Hannoverschen Presse war zu lesen: »Ein Haus der Versöhnung – Der Antisemitismus, der den Geist der Ignoranz, Intoleranz und Verblendung in sich birgt, darf nicht wieder aufstehen. Das Wohl der Menschen erwächst nur aus der Duldsamkeit. Aus diesen Worten von Innenminister Bennemann spricht der Geist der Versöhnung, der in der neuen Synagoge an der Haeckelstraße die Jüdische Gemeinde und ihre zahlreichen Ehrengäste umgab. Das Gotteshaus wurde gestern vormittag um elf Uhr feierlich eingeweiht.

Der frühere Ortsrabbiner, Dr. Emil Schorsch, der von 1926 bis zum 9. November 1938, als die alte Synagoge von frevelnder Hand zerstört wurde, in Hannover wirkte, war aus Amerika gekommen, die Einweihungsfeier mitzuerleben.«

»Auf dem Gartenfriedhof in Hannover ist ein Grab, auf dessen Gedenkstein die warnenden Worte stehen: ›Dieses Grab darf niemals geöffnet werden.‹ Aber am Tage des Begräbnisses war der Same eines Baumes hineingefallen. Er begann zu sprossen, und schließlich hatte der neue Baum das Grab, das für immer verschlossen sein sollte, weit geöffnet.

Die Errichtung einer neuen Synagoge in Hannover im Jahre 1963 erinnert mich an die seltsame Geschichte dieses Grabes. Nach menschlichem Ermessen wurde die Geschichte der Juden in Hannover im November 1938 mit der Zerstörung der besonders schönen Synagoge zu Ende gebracht.

Die Errichtung einer neuen Synagoge im Jahre 1963 – fünfundzwanzig Jahre nach der unbegreiflichen Zerstörung – ist ein bedeutungsvolles Zeichen für die Bereitwilligkeit der heutigen Generation, das Gift der Unmenschlichkeit zu bekämpfen und auszurotten, weil man heute versteht, daß die Menschheit die Gefahr der atomischen Ära nur auf dem geistigen Boden der Menschlichkeit überleben kann. Man wird in dieser Synagoge wieder die Thorarollen ausbreiten und das ewige Gebot im 3. Buche Mose (19, 18) vernehmen lassen: ›Du sollst deinen Mitmenschen

(Abb. 27) Synagoge Hannover, Vorgarten, Eingangsportal, links Eingangstüren zum Gemeindesaal, rechts – nur zum Teil sichtbar – Raum mit dem Schiebedach für die Sukka (Laubhütte)

lieben wie dich selbst.‹ Dieses Gebot betrachtete Rabbi Akiba als das wichtigste unserer Lehre.«

Rabbiner Dr. Emil Schorsch, Pottstown, Pennsylvania, USA, früher Ortsrabbiner der Jüdischen Gemeinde Hannover.

Grußwort von Dr. Hendrik Georg van Dam, Generalsekretär des Zentralrates der Juden in Deutschland:
»Die Wiedererrichtung einer Synagoge in Hannover symbolisiert die Tatsache, daß es in Hannover und im Land Niedersachsen wiederum eine jüdische Gemeinschaft gibt. Die Existenz einer jüdischen Gemeinschaft in Deutschland ist ein Faktor von eminenter Bedeutung, dessen Tragweite offenbar auch heute noch nicht von allen erkannt wird. Wir sind jedenfalls der Auffassung, daß die Vorhänge zwischen den Menschen trotz der Ereignisse der Vergangenheit und gerade im Hinblick auf die Lehre, die sich aus ihnen aufdrängt, nicht erhalten und verstärkt, sondern niedergerissen werden müssen. Das gilt vor allem für die Wälle, die stärker sind als Stahl und Beton, und die gebildet werden von Vorurteilen und Haß, von Anklagen und Verteidigung, von Flucht und Ausflucht, von Sentiment und Ressentiment. Das Gotteshaus, das in Hannover erstanden ist, 25 Jahre, nachdem die Synagogen in Deutschland niedergebrannt wurden, soll ein Hinweis auf das ›ewige Dennoch‹ sein, durch das sich die Juden durch die Jahrtausende erhalten haben. Es ist der Glaube an die Unzerstörbarkeit des Geistes und und die Ewigkeitswerte der Heiligen Schrift.«

(Dr. Hendrik Georg van Dam war von 1950 bis 1973 Generalsekretär des Zentralrates der Juden in Deutschland.)

Jüdische Gedenkstätte im ehemaligen Konzentrationslager Dachau

(erbaut 1966–1967)

»Bei der Planung der jüdischen Gedenkstätte in Dachau sah ich mich vor die Aufgabe gestellt, einen Raum zu erstellen, in den die Besucher des Lagers kommen können, um andächtig der Opfer zu gedenken und für diese ein Totengebet zu sprechen.

Das Bauwerk soll an die schreckliche Zeit der größten Verfolgung erinnern und gleichzeitig zeigen, daß die Überlebenden die Hoffnung nicht verlieren.

Es galt also, die religiös-liturgischen Voraussetzungen in Verbindung mit den utilitär-funktionellen zu erfüllen sowie der städtebaulichen und architektonischen Konzeption eine dem Charakter dieser Stätte entsprechende Symbolik beizugeben.

Die Hauptmerkmale des Synagogalbaues fielen in diesem Falle weg, da an diesem Ort keine Schabbath- oder Feiertagsgottesdienste abgehalten werden. Es wurden auch, der Rabbinatsauffassung gemäß, es möge an dieser Stelle keine Thorarolle aufbewahrt werden, kein Thoraschrein und keine Bima vorgesehen.

Die Halle ist als Gedenkstätte, an welcher lediglich das Kaddisch-Gebet oder das El-Mole-Rachamim-Gebet gesprochen werden, zu betrachten.

Städtebaulich gesehen war ein freistehender Baukörper zu erstellen, in einer Entfernung von ca. 70 Meter neben der bereits erbauten katholischen Kapelle. Das für diese Bauten – einschließlich einer noch hinzukommenden evangelischen Kapelle – vorgesehene Gelände bildet den sogenannten Meditationsplatz. Im Interesse des Gesamtkonzeptes sollte die jüdische Gedenkstätte 8 Meter Breite und 13 Meter Tiefe nicht überschreiten und kein Rundbau werden, damit sie nicht der Grundform der bereits gebauten katholischen Kapelle entspricht.

Diese Vorgaben wurden von mir bei der Planung und Gestaltung selbstverständlich berücksichtigt.

Mein Entwurf stellt demgemäß einen Baukörper von parabolischem Grundriß dar. An der Südseite befindet sich, der vorgeschriebenen Gesamtplanung entsprechend, der Eingang. Er bildet eine Öffnung, die sich über die ganze Südseite des Baukörpers erstreckt. Es fehlt hier die Wand. Die Seitenwände (Ost- und Westwand) sind an dieser Stelle in ihrem oberen Teil vorgezogen. Auf diesem vorgeschröpften Teil ruht ein Bogen als Abschluß des Daches. Ein die gesamte Südfront sperrendes Tor aus

Eisenstäben schließt diesen Eingang. Zu ihm gelangt man über eine 18 Meter lange Rampe, die in eine Tiefe von 1,80 Meter führt. Sie ist so breit wie der ganze Eingang. Die Seitenwände der Rampe sind mit Basaltlava verblendet. Auf ihnen befindet sich ein Sokel, über welchem ein eisernes, stacheldrahtähnliches Geländer angebracht ist. Außenwände und Decke bilden ein einheitliches Hausteinmauerwerk in Basaltlava, welches sich gegen Norden erhöht, nach oben verjüngt und in einer kreisförmigen Öffnung endet. Aus dieser Öffnung ragt eine Lisene aus Piki'in-Marmor, auf der eine siebenarmige Menorah befestigt ist.

Im Innern sind siebzig Bronzearme als Leuchter für Kerzen in die Wand eingelassen. Über dem Eingang befindet sich eine über das Mauerwerk abhebende, in Richtung des Abschlußbogens eingefaßte glatte Steinplatte, in die eine Inschrift derart eingemeißelt wurde, daß die Buchstaben an der Oberkante stark plastisch erscheinen und sich nach unten bis zum Verfließen mit der Vorderkante verjüngen. An der Ostwand, rechts vom Eingang, ist ein Steinpult aus schwarz-schwedischem Granit eingelassen, an welchem das Kaddisch-Gebet gesagt werden soll. Über diesem Gebetpult befindet sich eine Gedenktafel aus Granit, in die das Wort Jiskor

(Abb. 28) Jüdische Gedenkstätte im ehemaligen Konzentrationslager Dachau, Modell – Postkarte, herausgegeben vom Landesverband der Israelitischen Kultusgemeinden Bayern zur Mitfinanzierung des Bauvorhabens

(Abb. 29) Jüdische Gedenkstätte im ehemaligen Konzentrationslager Dachau, erbaut 1966/1967, Gesamtansicht mit Zugang zum Baukörper über eine Rampe

(Abb. 33, gegenüberliegende Seite oben) Dachau, jüdische Gedenkstätte, innen, Deckenöffnung mit Lisene und Menorah aus israelischem Marmor

(Gedenke!) eingemeißelt ist. Zu beiden Seiten dieser Tafel sind zwei Messingbehälter angebracht, in denen Fackeln entzündet werden können. An der Ostwand befindet sich auch das Ewige Licht, ein Ölbehälter mit Docht.

Der Boden und die Rampe sind mit Basaltlava-Platten gepflastert.«

Die Symbolik und ihre Bedeutung

»An die düsteren Zeiten, die nicht vergessen werden dürfen, wird der Besucher schon beim Herannahen an die Gedenkstätte erinnert. Er betritt sie über die Rampe, zu deren beiden Seiten eiserne Geländer den Stacheldraht, der die Konzentrationslager umgab, symbolisch darstellen.

Beim Eintritt in die Halle richtet sich der Blick des Beschauers nach oben auf die runde Öffnung an der höchsten Stelle des Baukörpers. Von dort her strahlt Helle in das Dunkel des Raumes und verkörpert das Licht der Hoffnung, welches tief im Judentum verwurzelt ist. Am Ende des Hoffens steht die Erlösung – das ewige jüdische Dasein ist hier symbolisch ausgedrückt durch den siebenarmigen Leuchter auf dem Hintergrund des Himmels.

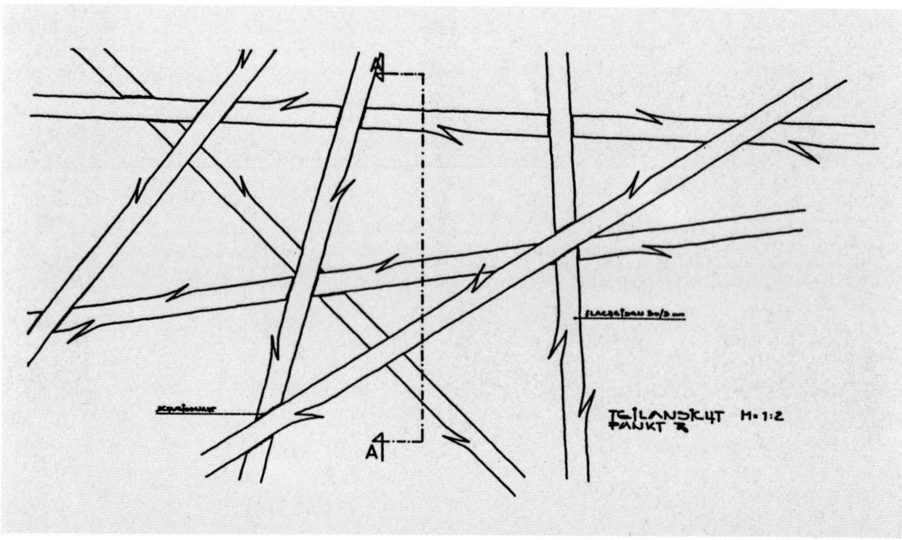

(Abb. 30, 31, 32) schmiedeeisernes Geländer, symbolisierter Stacheldraht, Ausführungszeichnungen

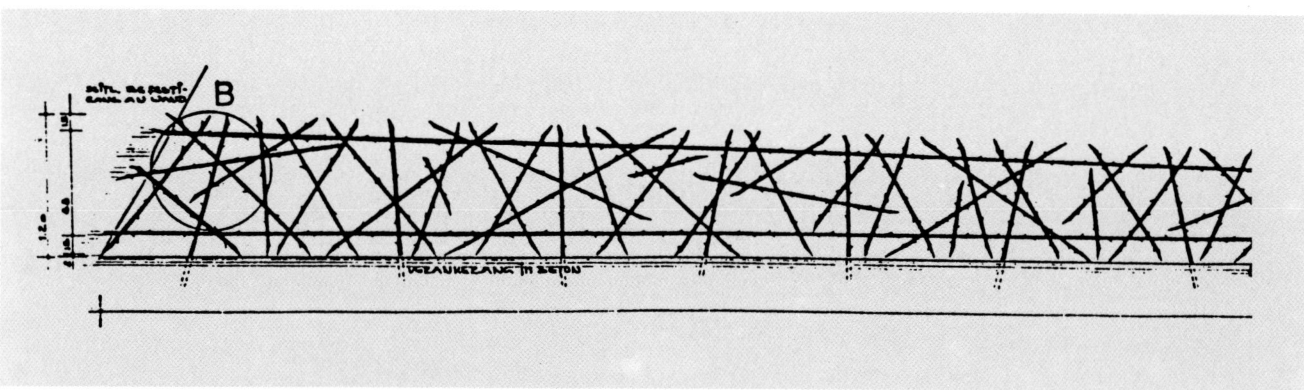

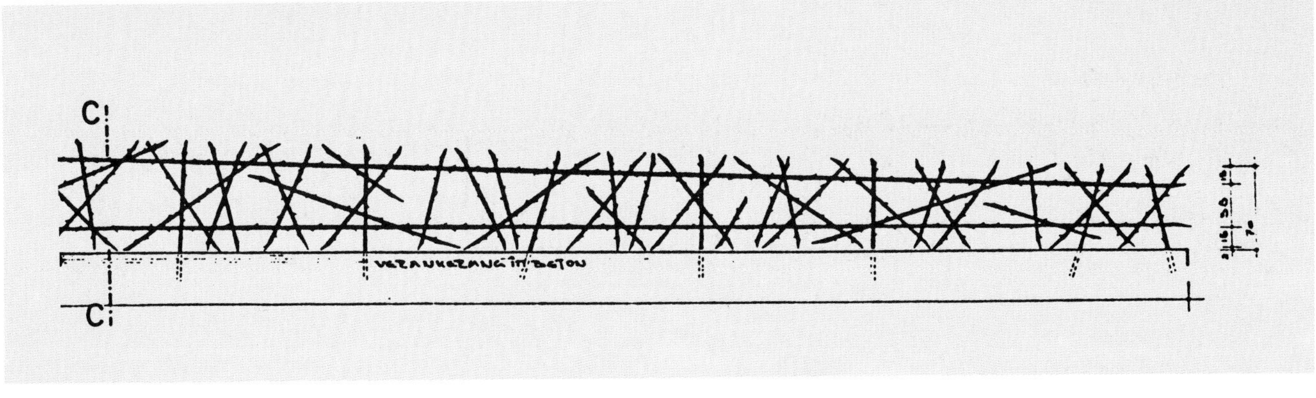
C
C
VERANKERUNG IN BETON

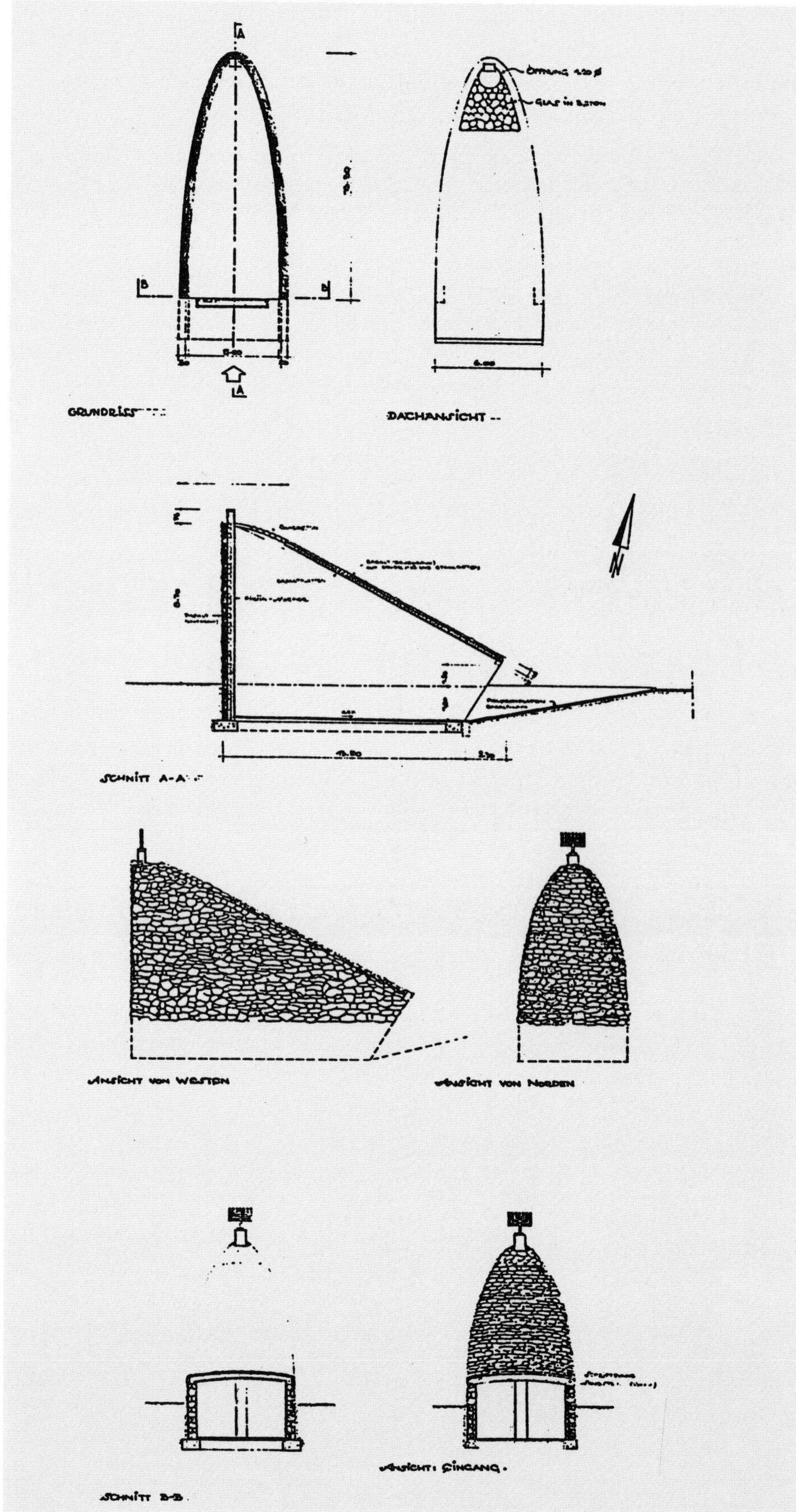

(Abb. 34) Dachau, jüdische Gedenkstätte, Entwurfszeichnungen: Grundriß, Dachaufsicht, Schnitt, Ansichten

Die Lisene mit dem Sokel sind deshalb in Piki'in-Marmor gehalten, weil dieser Ort – Piki'in in Israel – immer, auch in den schwersten Zeiten, zumindest von einem Juden bewohnt gewesen sein soll; Piki'in symbolisiert somit die Kontinuität des Judentums.

Der Grundriß ist eine Parabel, deren ich mich bei der Planung sakraler Bauten gerne bediene. Das schien mir gerade bei dieser Anlage geboten, denn wo, wenn nicht an dieser Stätte, soll dem Menschen sein Menschsein mit dessen Grenzen bewußt werden. Diese Figur voller Kräftespannung – ein Ausdruck des Potentiellen – erkennt der sich nähernde Beschauer auch in dem vor ihm hochstrebenden Bauwerk.

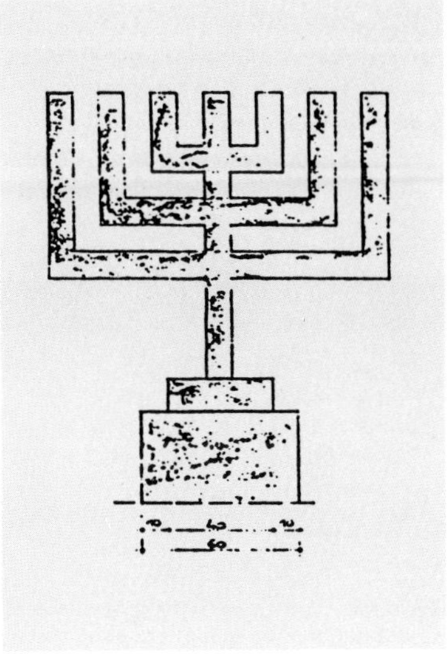

(Abb. 35) Entwurfszeichnung Menorah für die jüdische Gedenkstätte

Eine irrige Meinung der Unbegrenztheit führte einst zum Turmbau von Babel und seinen Konsequenzen, die noch heute, nicht nur für den Baumeister, sondern für alle Bereiche des Lebens volle Gültigkeit haben. Als Symbol des menschlichen Strebens, das in seinem äußersten Punkt auf die göttliche Unendlichkeit stößt und die Begrenztheit menschlichen Geistes und menschlicher Hand erkennen läßt, sehe ich die Parabel an.

Auf der Steinplatte über dem Eingang findet sich daher folgender Spruch aus den Psalmen eingemeißelt: ›Flöße ihnen Angst ein, oh Gott! Mögen die Völker wissen, daß sie nur menschliche Wesen sind‹.«

In der vom Landesverband der Israelitischen Kultusgemeinden in Bayern herausgegebenen Broschüre: »Die jüdische Gedenkstätte in Dachau«, erschienen im August 1972, heißt es: »Am Sonntag, dem 7. Mai 1967, um 9.30 Uhr, fand unter der Beteiligung von etwa 2 500 Menschen, darunter zahlreiche ehemalige Häftlinge, die feierliche Einweihung der Gedenkstätte statt, die zu Ehren der im ehemaligen Konzentrationslager Dachau ermordeten Juden errichtet worden war. Anwesend waren für die bayerische Staatsregierung Dr. Alois Hundhammer, einst selbst in Dachau inhaftiert, Vertreter des Senats, des Landtags, der israelische Botschafter Asher Ben Nathan, der Präsident des Comité International de Dachau, Generalmajor Dr. Albert Guerisse, Brüssel, Abordnungen der Kirchen und der jüdischen Gemeinden und Organisationen, für den Zentralrat der Juden in Deutschland Dr. van Dam und Prof. Dr. Lewin.

Eine in München weilende Delegation von 36 israelischen Jugendlichen, Gäste des bayerischen Jugendringes, legten in der Gedenkstätte einen Kranz nieder. Während der Feier erhellten 70 Kerzen und zwei Fackeln die düsteren Basaltmauern des Innenraumes. Nachdem eine Urkunde eingemauert worden war, entzündeten die Rabbiner David Spiro, Fürth, I. H. Grünewald, München, Nathan Zanger, Bamberg, Nathan Liebermann, Regensburg, und N. Peter Levinson, Heidelberg, das Ewige Licht. Als der ehrwürdige, wie ein biblischer Patriarch aussehende Führter Rabbiner das Wort ergriff, weinten Hunderte unter dem Eindruck seiner Worte.«

(Abb. 36) Teilansicht des vergitterten Eingangstores, an der jüdischen Gedenkstätte

Die Süddeutsche Zeitung vom 5. Mai 1967 schrieb unter der Überschrift: »Menorah über Dachau«: »Auf dem Gelände des ehemaligen Konzentrationslagers Dachau wird am kommenden Sonntag als drittes Bauwerk, neben evangelischer und katholischer Kirche eine jüdische Gedenkstätte eingeweiht. Der Landesverband der Israelitischen Kultusgemeinden in Bayern lud aus diesem Anlaß zu einer Pressekonferenz ein. Diese war überschattet von der Schändung des jüdischen Ehrenmals im Dachauer Friedhof auf dem Leiterberg. Der Vorfall am 1. Mai, bei dem ein Stein mit ›Heil Hitler‹ und einem Hakenkreuz beschmiert worden war, hat bei der jüdischen Bevölkerung ›Abscheu und Empörung‹ ausgelöst.

Die Gedenkstätte, die am 7. Mai eingeweiht werden soll, wurde von dem Frankfurter Architekten Hermann Guttmann entworfen. Der Bau hat eine

(Abb. 37) Dachau, jüdische Gedenkstätte, Gesamtaufnahme des Eingangstores mit Davidsternen und als Ölzweige ausgebildeten Türgriffen

parabolische Grundform. Er ist 9 Meter hoch, 10 Meter breit und 15 Meter lang. Ursprünglich sollte das Bauwerk wesentlich größer werden.

Die Israelitische Kultusgemeinde baute absichtlich keine Synagoge, sondern eine Gedenkstätte, weil – wie Guttmann sagte – eine Synagoge eine lebendige Angelegenheit sei, ein Ort, wo gebetet und Gottesdienst gehalten werden soll.«

In der Süddeutschen Zeitung vom 25./26. November 1967 war zu lesen: »›Zuflucht und Warnung – Was in Dachau geschah, kann menschlich nicht gesühnt werden, schon gar nicht durch Wiedergutmachung.‹ (Aus der Ansprache des damaligen Landwirtschaftsministers und ehem. Lagerinsassen von Dachau, Dr. Hundhammer.)

Die halbe Million Menschen, die alljährlich nach Dachau kommt, viele vielleicht nur aus Neugier, oder weil sie nicht mehr hören und lesen wollen, was sie doch nicht begreifen können, vor allem junge Menschen, werden hier mit einem Stück der vergangenen Wirklichkeit konfrontiert: Mit dem Boden, mit dem Stück Land, auf dem das alles geschah. Und dann begreifen sie, daß sich das nicht abschütteln läßt...

In diesem Jahr sind in Dachau zwei Gedenkstätten eingeweiht worden: Die jüdische, die von dem in Frankfurt lebenden Architekten Hermann Guttmann entworfen wurde, und die evangelische Versöhnungskirche.

Die neuen Gedenkstätten stehen rechts und links von der Todesangst-Christi-Kapelle. Obwohl hier leider keine Gesamtplanung zustande kam, gehen beide neuen Gedenkstätten in den Boden, in den Untergrund. Während die jüdische Gedenkstätte sich um Symbole bemüht, versucht die evangelische, abgesehen von dem In-die-Erde-Gehen, ohne eine leicht deutbare Symbolik auszukommen.

Die jüdische Gedenkstätte, die sich gewissermaßen in die Erde duckt, hat zu beiden Seiten des sich absenkenden Zugangs rampenartige Mauern mit einem Stacheldrahtgitter. Dem Parabelgrundriß der kleinen Halle entspricht das ebenfalls in Art einer Parabel nach vorn tief heruntergezogene Dach. Mauern und Dach sind einheitlich, Bruchsteinmauerwerk aus Granit. An der höchsten Stelle ist eine runde Öffnung, außer dem Eingang die einzige Lichtquelle. In sie mündet eine vom Boden aufsteigende schmale Lisene aus gelblichem Marmor, die das Dach überragt und einen siebenarmigen, bekrönenden Leuchter trägt: Zeichen der Zuversicht auf Gott, einzige Möglichkeit des Lichts im Finstern, und – da aus einem Ort in Israel stammend, der seit der Antike von Juden bewohnt war – auch Sinnbild der Kontinuität eines mit Verfolgung schwer geschlagenen Volkes. Der Eingang ist vergittert, mit Stacheldraht durchflochten. Die beiden Türflügel tragen den sechseckigen Stern. Die Türgriffe haben die Form von Baumstämmen mit ausschlagenden Zweigen. Innen sind in der Wand Halter für siebzig Kerzen eingelassen. Einmal im Jahr, am Totengedenktag, werden sie angezündet: Für sechs Millionen Tote aus zwölf Jahren.«

Synagoge Osnabrück

(erbaut in den Jahren 1967–1969)

Bereits im Herbst 1965 traf die Jüdische Gemeinde Osnabrück die ersten Vorbereitungen für den Bau einer neuen Synagoge, dem ein Gemeindezentrum angeschlossen werden sollte. Die ehemalige Synagoge, ein schöner, klassizistischer Bau, wurde, woran ein Gedenkstein erinnert, »von gottlosen Menschen im Jahre 1938 zerstört«. Am 11. Dezember 1967 konnte der Grundstein für das neue Gotteshaus gelegt werden. Dabei wurde eine auf Pergament geschriebene Urkunde eingemauert, auf der in hebräischer und deutscher Sprache ein Psalm vorangestellt ist, der an die Leidenszeit erinnert, aber gleichzeitig auch Hoffnungen weckt. In dieser Urkunde wird Hermann Guttmann als Planer und Erbauer genannt. Die Bauten konnten auf einem Grundstück verwirklicht werden, das, obwohl mitten in der Stadt, in einem neuerschlossenen Gebiet liegt und in der Nähe von anderen Kirchen und Schuleinrichtungen steht.

Das Bauwerk stellt eine überaus gelungene Konzeption und Verbindung zwischen Synagoge und Gemeindezentrum dar und erwies sich für die relativ kleine jüdische Gemeinde, die damals rund siebzig Seelen zählte, als

(Abb. 38) Synagoge Osnabrück mit Gemeindezentrum, Modell

besonders vorteilhaft. (Vor dem Machtantritt der Nazis hatte die Jüdische Gemeinde zu Osnabrück rund fünfhundert Mitglieder.) Die Einweihung der Synagoge fand am 1. Juni 1969 statt.

Mit diesen Worten wollen wir überleiten zu der Beschreibung, die der Architekt von der neuen Synagoge nebst dem Gemeindezentrum gibt und in der er seine Gedanken und Überlegungen, die ihn zu dem Konzept dieses Bauwerkes geführt haben, zum Ausdruck gebracht hat.

»Beim Entwurf des jüdischen Gemeindezentrums und der Synagoge für die Gemeinde des Regierungsbezirkes Osnabrück sah ich mich vor die Aufgabe gestellt, einen Bau zu schaffen, welcher den heutigen spezifischen Bedingungen entspricht.

Die nach 1945 wiedererstandene Jüdische Gemeinde Osnabrück zählt nur verhältnismäßig wenige Mitglieder. Hinzu kommt, daß nur ein Teil in der Stadt wohnt und die übrigen Mitglieder über den gesamten Regierungsbezirk verstreut ihre Wohnsitze haben. Den Gottesdienst alltäglich morgens und abends abzuhalten, erschien daher fast ausgeschlossen, da der Ritus vorschreibt, zehn im religiösen Sinne volljährige Männer aus einer Stadt zu den entsprechenden Gebetszeiten zusammenzubringen. Sogar der Schabbath-Gottesdienst, zu dem man nicht fahren darf, wäre oft in Frage gestellt gewesen, wenn man nur auf die in der Stadt wohnenden Juden angewiesen wäre. Andererseits ist zu den Hohen Feiertagen und zu den Festtagen, an denen das Jiskorgebet (Totengebet) gesprochen wird, ein größerer Andrang zu erwarten, da zu dieser Zeit nicht nur Juden aus der Stadt Osnabrück, sondern auch aus dem gesamten Regierungsbezirk und aus der Umgebung zu dieser Gottesstätte pilgern.

Eine Lösung all dieser Probleme schien mir im nachfolgenden Raumprogramm und in der entsprechenden Planung dieses Programmes zu liegen.

Das Raumprogramm mußte eine kleine Synagoge vorsehen, welche am Schabbath sowie an den Wochentagen, zumindest an jenen, an denen einzelne Gemeindemitglieder Jahrzeit begehen (das heißt, des Todestages eines der nächsten Familienmitglieder im Gebete zu gedenken), geöffnet ist, so daß zumindest an diesen Tagen in der Synagoge gebetet werden kann.

Die Synagoge ist deshalb klein gehalten, um unnötige Wartungs- und Heizungskosten einzusparen und das Gotteshaus nicht leer erscheinen zu lassen, wenn nur wenige Gläubige, ja vielleicht nur die zehn Obligaten sich zum Gebete einfinden.

Um leichter diese zehn Männer zusammenzubringen, ist es notwendig, daß zumindest einige in der Nähe der Synagoge wohnen. Deshalb wurden in das Raumprogramm des Gesamtobjektes ein Wohnhaus und im zweiten Haus weitere Wohnungen aufgenommen, welche vor allem von jüdischen Familien bewohnt werden sollen, und zwar möglichst mit männlichen Familienmitgliedern im Alter von über dreizehn Jahren.

An den Hohen Feiertagen und anderen Anlässen, zu denen neben der erwähnten Totengedenkfeier auch solche Halbfeiertage wie Purim und Chanukkah gehören, Feste, an denen besonders die Jugend teilnimmt, muß eine größere Anzahl von Mitgliedern untergebracht werden. Diese Aufgabe löste ich so, daß ich den im Raumprogramm vorgesehenen Saal für verschiedenartige Zusammenkünfte an den kleinen Synagogenkörper angliederte und ihn in der Form entwickelte, daß seine Ostwand, welche zugleich die Westwand der kleinen Synagoge bildet, ganz geöffnet werden kann. So ergibt sich ein Synagogenraum, der nunmehr wie eine Einheit wirkt, obwohl er aus der kleinen Synagoge und dem angebauten Saal, zwei ansonsten verschiedenen Zwecken dienenden Räume, zusammengesetzt ist. In dieser Form bietet das vergrößerte Gotteshaus 180 bis 200 Menschen Platz, während der Synagogenraum selbst nur 35 bis 40 Besucher fassen kann.

(Abb. 39) Osnabrück, Ansicht der Synagoge mit Gemeindesaal, Aufnahme um 1967

Die Anlage ist so gestaltet, daß man vom Fußweg zwischen der Barlage und der Ernst-Sievers-Straße über eine Freitreppe in einen Vorraum gelangt. Dieser Vorraum ist an den Stirnwänden aus Glas und bietet einen Durchblick bis in den Innenhof mit der Gartenanlage. Von diesem Vorraum gelangt man rechts in die Synagoge und in den Saal. Eine Treppe führt auch in den Keller, wo eine Gemeindeküche, Vorratsräume und Räumlichkeiten für die Unterbringung von Geräten vorhanden sind. Links kommt man in einen Klubraum, der zugleich Aufenthaltsraum für die Jugend ist, und in zwei kleine Büroräume für die Gemeinde sowie zu den sanitären Anlagen.

In demselben Hause befinden sich, über einen Gang erreichbar, im Erdgeschoß sowie im Obergeschoß einige Wohnungen. Im Erdgeschoß ist ferner ein Unterrichtsraum für den Religionsunterricht vorhanden. Um minderbemittelten Gemeindemitgliedern, die außerhalb von Osnabrück

(Abb. 40) Osnabrück, Synagoge mit Verwaltungs- und Gesellschaftsräumen, Ansicht von Osten, Entwurfszeichnung

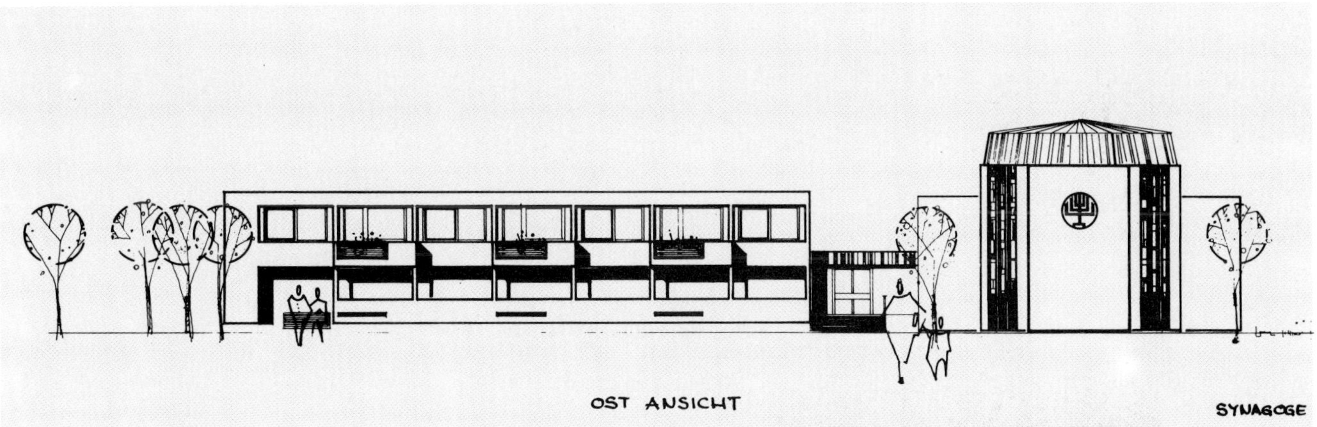

wohnen, respektive Gästen, wie auswärtigen Rabbinern und Kantoren, Unterkunft während der Hohen Feiertage bieten zu können und ihnen den weiten Anmarsch von einem Hotel zum Gotteshaus zu ersparen, sind einige Fremdenzimmer eingebaut worden.

Dieser Planung liegt der Weitblick zugrunde, bei einem Anwachsen der Gemeinde die Möglichkeit zu besitzen, den geänderten Bedürfnissen der Mitglieder gerecht zu werden und die Ausdehnungsmöglichkeiten des Saales sowie anderer Einrichtungen nutzen zu können. Sollte jedoch ein Schrumpfen eintreten, so dürfte der kleine Synagogenraum für die Gläubigen genügen und der eingebaute Saal etc. profanen geistigen Zwecken dienen.

Der Konstruktion ist die orthodoxe Bauart zugrunde gelegt. Die Männer haben in der Synagoge ihre Plätze im Erdgeschoß und die Frauen auf zwei kleinen Emporen. Der Thoraschrein an der Ostwand ist in einer Marmorumrahmung untergebracht, und das Emblem der Zehn Gebote über ihm ist mit dem Dekor aus einem Stein gehauen. Darüber ragt aus der Wand das Ewige Licht.

Die Wände und die Empore sind in massivem Mahagoniholz verkleidet, während das Gestühl und der Almemor (das Vorlesepult) in Eiche-Natur ausgestaltet sind. Die beiden Synagogenfenster sind bleiverglast und aus echten mundgeblasenen Überfanggläsern in farbigen Tönen, sogenanntem Echt-Antik-Danziger-Glas.

Den sechseckigen Grundriß schließt oberhalb der Holzverkleidung eine Lichtvoute ab, welche ihr indirektes Licht in eine Kuppel strahlt. Es galt, dem Raum – trotz seiner Kleinheit – Erhabenheit, Wärme und Würde zu verleihen.

Um der Außenarchitektur – dem Charakter des Baues entsprechend – ein weiteres Gesicht zu geben, erhielt das Dach des Synagogenkörpers eine Kupfereindeckung. Das sechseckige, kuppelartige Dach soll den Hauptpunkt der Anlage hervorheben.

Die mir gestellte Aufgabe glaube ich den genannten Zwecken entsprechend gelöst zu haben. Ich erlaube mir, an dieser Stelle den Dank meinen Auftraggebern sowie allen, die mir bei der Realisierung des Werkes geholfen haben, auszusprechen.

Ich bin überzeugt, daß das jüdische Gemeindeleben in Osnabrück durch die Schaffung des Zentrums in jedem Falle eine Belebung erfahren und die architektonische Lösung beweisen wird, daß sie den gestellten Aufgaben gerecht wurde. Ich hoffe, daß diese Stätte von den Gläubigen gerne auf-

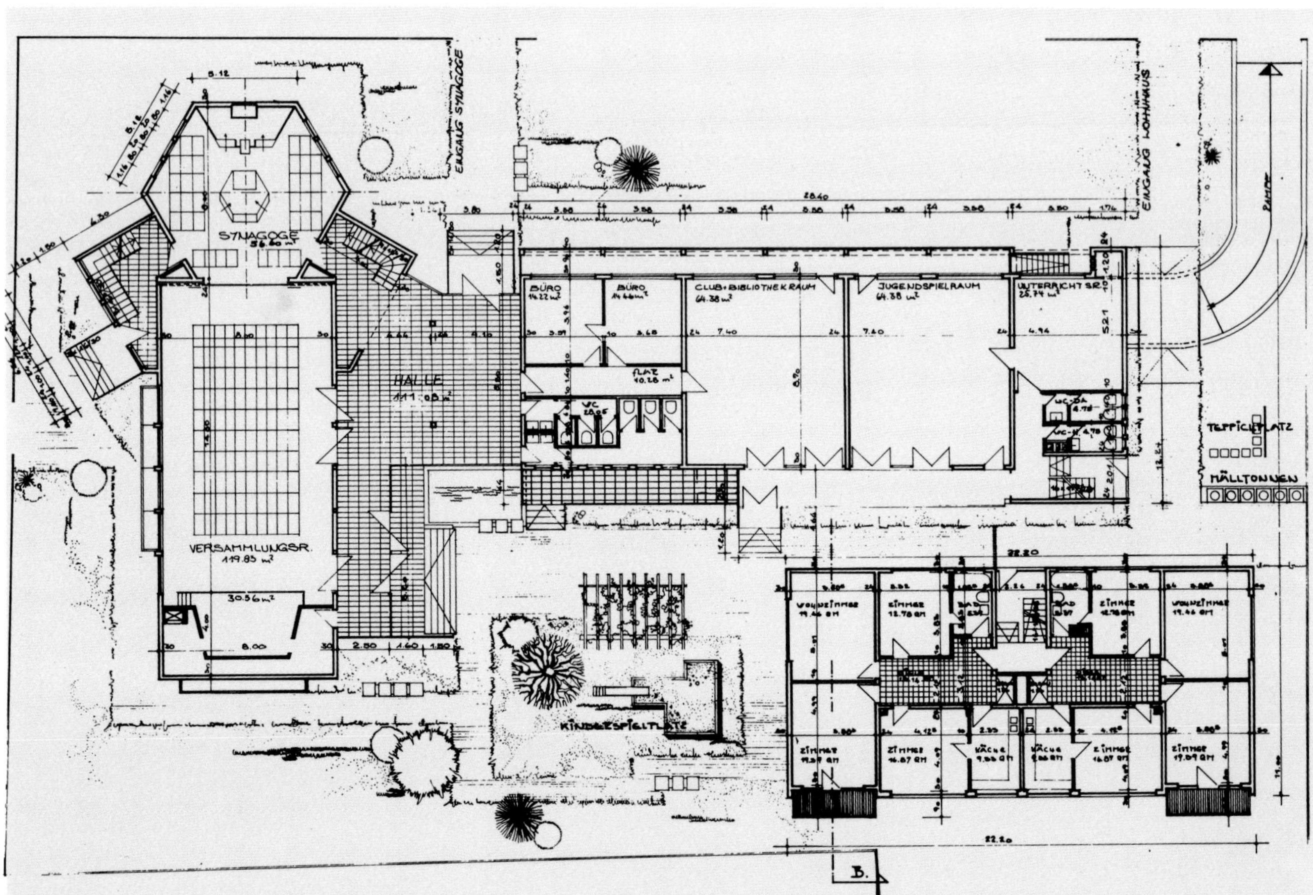

(Abb. 41) Osnabrück, Synagoge mit Gemeindezentrum: Festsaal, Verwaltungs- und Gesellschaftsräume, Wohntrakt, Grundrißzeichnung des Erdgeschosses, Entwurf 1966

gesucht und jeder Besucher das Empfinden haben wird, hier einen Ort des Segens und des Friedenswillens zu erblicken.«

Die Einweihung der Synagoge fand am 1. Juni 1969 statt.

Albert Rose, erster Vorsitzender der Jüdischen Gemeinde im Regierungsbezirk Osnabrück, schrieb dazu die folgenden Geleitworte: »Der Wiederaufbau der Jüdischen Gemeinde zu Osnabrück, wie auch der neuen Synagoge, war für uns Mitglieder der Jüdischen Gemeinde, wie auch für den Landesverband der Jüdischen Gemeinden Niedersachsens, ein schweres seelisches Ringen. Unsere jüdische Pflicht fordert jedoch – seit der Wüstenwanderung – von uns: Ein Zelt dem Ewigen aufzuschlagen, wo immer wir auch sein mögen. Wir sind ein Volk der Ewigkeit, und aus diesem Grunde dürfen wir keinen Augenblick aufhören, das Zelt Gottes zu bauen . . . Vielleicht hat es die Vorsehung so gewollt, daß sich hier in Osnabrück wieder eine kleine jüdische Gemeinde neu bilden sollte, um mit unserer Gegenwart die Einwohner dieser Stadt stets zu erinnern an das Wort des Propheten:

›Nicht durch Heerscharen und nicht durch Macht,
sondern allein durch meinen Geist spricht der Ewige‹.«

Grußwort des Bundespräsidenten Heinrich Lübke:
»Der Jüdischen Gemeinde der Stadt und des Regierungsbezirkes Osnabrück übermittle ich zur Einweihung ihrer Synagoge sowie ihres Gemeinde- und Kulturzentrums meine herzlichen Glückwünsche. Das Ereignis hat für die gesamte Bevölkerung richtungsweisende Bedeutung. Denn diese neuen Stätten der Gottesverehrung und menschlichen Begegnung zeugen von der alles überwindenden Kraft verzeihender Brüderlichkeit und gegenseitiger Verantwortungsbereitschaft. Sie sind für die einen Manifestation des guten Willens, trotz der Erinnerung an grauenvolle Jahre erlittenen Unrechts, den Blick nach vorwärts auf gemeinsame Aufgaben zu richten. Für die anderen sind sie ein Symbol der Verpflichtung, in mitbürgerlicher Solidarität ein für allemal Haß und Menschenverachtung zu verbannen.

Wir müssen alle, wo immer wir können, dazu beitragen, daß die Achtung vor der Würde und dem Recht des Nächsten wächst. Nur so vermag die Menschlichkeit Raum gewinnen, auf die das Wohl des einzelnen wie des Ganzen begründet ist.

Möge das neue Zentrum unserer jüdischen Mitbürger in Osnabrück dieser Aufgabe erfolgreich dienen.«

Der damalige niedersächsische Ministerpräsident Dr. Georg Diederichs wünschte:
»Mögen die nun ihrer Bestimmung übergebenen schönen Bauten der Pflege von Religion, Kultur und Gemeindesinn dienen in einer vom Geist der Brüderlichkeit und Toleranz bestimmten Welt.«

Der damalige Oberbürgermeister Willi Kelch und der damalige Stadtdirektor von Osnabrück Joachim Fischer schrieben an die Jüdische Gemeinde:
»Wir haben von Anfang an die Bemühungen der Jüdischen Gemeinde Osnabrück nach Kräften unterstützt, ein gemeindliches Eigenleben aufzubauen und mit Leben zu erfüllen. Die Stadt Osnabrück ist sehr glücklich, daß diese Bemühungen mit der Fertigstellung des großzügigen Gemeinde- und Kulturzentrums und der neuen Synagoge nunmehr ein sichtbares Zeichen erfahren.«

Der damalige Regierungspräsident von Osnabrück Dr. Hans-Georg Suermann schrieb in einer Grußbotschaft:
»An hervorragender Stelle steht die baulich hervorgehobene Synagoge. Sie bietet nach dem Willen der Erbauer gleichzeitig die Möglichkeit für eine Begegnung zwischen jüdischen und christlichen Bürgern. In dem angegliederten Gemeinde- und Kulturzentrum können die weit über den Regierungsbezirk verstreuten jüdischen Einwohner zu gemeinschaftlichen Veranstaltungen und zu Schulzwecken zusammenkommen . . . Möge das mit dem Neubau erstrebte Ziel, das Glaubens- und Gemeindeleben unter den jüdischen Bürgern zu verstärken und die Verständigung unter den Konfessionen zu vertiefen, von Jahr zu Jahr mehr erreicht werden. Das ist mein herzlicher Wunsch am Tage der Einweihung der neuen Synagoge.«

(Abb. 42, gegenüberliegende Seite) Osnabrück, Synagoge, Innenansicht. Den Thoraschrein zieren die Gesetzestafeln, umgeben von dem brennenden Dornbusch (symbolisiert), Aufnahme aus dem Jahr 1988

(Abb. 43) Osnabrück, Synagoge, Ansicht von Nordosten. Das Dach ist in Kupfer eingedeckt. Frontseite mit Menorah, Aufnahme aus dem Jahr 1988

Synagoge Würzburg

(erbaut in den Jahren 1966–1970)

(Abb. 46, gegenüberliegende Seite) Würzburg, buntes Glasfenster in der Eingangshalle der Synagoge mit Menorah, nach einem Entwurf von Hermann Guttmann

In Würzburg bauten Juden und Christen gemeinsam eine Synagoge. Nach dem Wunsch der Gemeindevertreter der Israelitischen Kultusgemeinde Würzburg sollte bei der Planung und Gestaltung der neuen Synagoge mit Gemeindezentrum von dem Gedanken ausgegangen werden, daß ein neues Gotteshaus Mittelpunkt der Gemeinde sein müsse. Auch den Bewohnern des jüdischen Altenheimes wollte man die Möglichkeit geben, bei jedem Wetter dem gemeinsamen Gottesdienst beizuwohnen. Es handelt sich um das ehemalige jüdische Kranken- und Altersheim. Es wurde von den Nazis konfisziert. Durch Kriegseinwirkung hatte es dann stark gelitten. Die Gemeinde erhielt das Anwesen zurück. Dort konnten nach 1945 die wenigen Zurückgekehrten und aus den Konzentrationslagern Geretteten notdürftig eine Unterkunft finden. Später wurde das Haus renoviert und

(Abb. 44) Würzburg, Synagoge und Altenheim der Jüdischen Gemeinde

(Abb. 45) Würzburg, Blick auf Synagoge mit Gemeindesaal

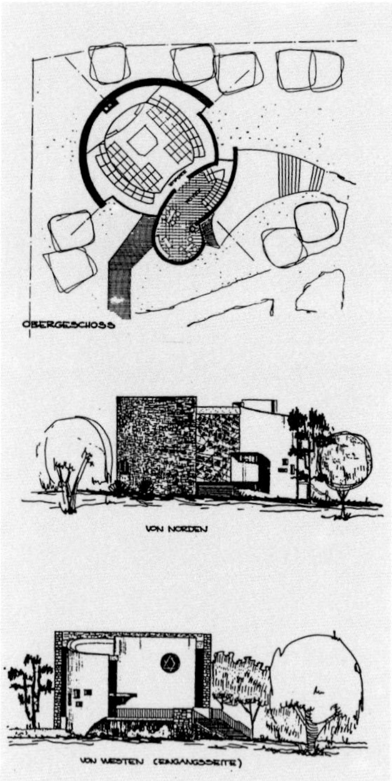

(Abb. 47) Synagoge Würzburg, Vorentwurf mit Grundriß und Ansichten

seiner Aufgabe als Altenheim zugeführt. Darum sollte die neue Synagoge in unmittelbarer Nähe des Altersheimes entstehen.

Der Stadtrat von Würzburg sowie der Bezirkstag Unterfranken unterstützten die Bestrebungen der Israelitischen Kultusgemeinde. Wie Senator David Schuster, Vorsitzender der Gemeinde, in einem Geleitwort zur Einweihung der Synagoge schrieb, hätte die Gemeinde dieses Vorhaben aus eigenen Mitteln nie verwirklichen können.

Der Baubeginn wurde mit Vorbedacht auf den Tag gelegt, an dem vor achtundzwanzig Jahren die Würzburger Synagoge in der Domerschulstraße zerstört worden war.

Bei der Grundsteinlegung am 6. Mai 1969 wurde eine auf Pergament geschriebene Urkunde eingemauert, in der an die Schrecken der sogenannten Reichskristallnacht erinnert und aller Juden gedacht wird, die in den vergangenen Jahrhunderten in Würzburg gelebt und gewirkt haben. Die Einweihung der Synagoge fand am 24. März 1970 statt.

Über Plan, Bau und Vollendung dieses Werkes schrieb Hermann Guttmann:

»Überall dort, wo Juden wohnen und Gemeinschaften bilden, schaffen sie Betstätten und Ritualbäder, weil diese einen lebendigen Teil ihres jüdischen Lebens bedeuten.

Einige Gebete, unter anderem auch das Totengebet, welches jeder Jude zum Gedenken seiner Eltern sagt, können nur abgehalten werden, wenn ein Minjan, das heißt zehn im religiösen Sinne volljährige Männer (über dreizehn Jahre alt), beisammen sind. Die Sammelstelle ist also eine Notwendigkeit für das alltägliche Gebet, und die Gemeinde ist deshalb bestrebt, dort, wo sie ihr Leben vollbringt, eine Synagoge zu erbauen.

Nicht minder wichtig sind die Gesetze zur Erhaltung der Reinheit der Familie, laut welchen es den Frauen auferlegt ist, zu gewissen Zeiten das Ritualbad aufzusuchen. So ist die Mikwah, das Ritualbad, eine ungemein wichtige Institution für den strenggläubigen Juden. Sie ist Gebrauchseinrichtung, ohne die Strenggläubige nicht auskommen können, und wird daher oft schon vor dem Bau einer Synagoge errichtet, denn für das gemeinsame Gebet kann auch eine notdürftig eingerichtete Gebetstube oder ein beliebiger Raum benutzt werden.

Ein besonderer Aspekt jedoch ließ die nicht gerade große Gemeinde Würzburg ihr neues Gotteshaus mit Ritualbad markant errichten. Galt es doch, hier nicht nur eine Institution zu schaffen, die dem Gebrauch der heutigen jüdischen Bevölkerung von Würzburg dienen soll und auch so ausgestattet wird, daß dieses jüdische Leben sich intensiver gestalten und einen normalen Zuwachs erhalten kann, sondern auch der einst großen und stolzen jüdischen Gemeinde Würzburg zu gedenken und in Erinnerung an dieses ehemals intensive jüdische Leben in dieser Stadt, in der eine Reihe bedeutender jüdischer Einrichtungen, wie das Lehrerseminar, Weltruf hatten, eine würdige Stätte zu schaffen. Ist doch die Tradition bei einer Wiederbelebung kulturellen Lebens und Pflege des Kultus – wenn auch nach längerer scharfer und schmerzlicher Unterbrechung – nicht ohne Bedeutung.

Die wiedererstandene Jüdische Gemeinde Würzburg soll gleichsam daran erinnert werden, daß das jüdische Leben, welches sie hier neu begründet, die Fortsetzung eines Gemeindelebens ist, welches in früheren Zeiten in hoher Blüte stand.

Unter diesen Gesichtspunkten wurde der ansonsten bescheidene Bau errichtet. Als äußeres Merkmal erhielt er eine von einigen Seiten weit sichtbare Kuppel, welche sofort dem Beschauer zeigt, daß es sich um einen Kultbau handelt.

Die Gestaltung der Innenräume weist auch auf die religiöse und historische Tradition hin. Man gelangt durch den Eingang in einen Vorraum, in dem gleich zur Rechten in einem Winkel, dessen Öffnung zu einem Innenhof führt, ein buntbleiverglastes Fenster aus Echt-Antik-Danziger-Überfangglas das Bild einer Menorah zeigt. An der Wand dahinter befinden sich die einzelnen wichtigen Daten der Geschichte der Juden in Würzburg. An derselben Stelle ist außen eine Konsole angebracht, die einen Stein des früheren jüdischen Gotteshauses, Domerschulstraße, trägt. Unweit daneben befindet sich ein sogenannter Chuppastein, über den der Traubaldachin ausgebreitet wurde. Er stellt den Rest des zerstörten Heidingsfelder Bethauses dar. Nun erhielt dieses nach unmenschlicher Zerstörung zurückgebliebene Mal seinen Ehrenplatz an der wiedererbauten Synagoge.

Auch im Foyer des Synagogenraumes, welches über eine Treppe durch den Vorraum zu erreichen ist, zeigt sich dem Ankömmling an der gegenüberliegenden Mauer ein langgestreckter dunkler Stein, getragen von sechs ebensolchen Konsolen, welche die sechs Millionen durch die Nazis in Europa umgebrachten Juden symbolisieren sollen, mit einer Inschrift, die daran gemahnt, diese Zeit nicht zu vergessen.

(Abb. 48) Synagoge Würzburg. Die Aufnahme zeigt die Gesetzestafeln über dem Thoraschrein, umrahmt von einem brennenden Dornbusch

דע לפני מי אתה עומד

An der linken Seite vom Eingang der Synagoge ist ein kupfergetriebenes Waschbecken zum Händewaschen, eine liturgische Notwendigkeit. Die Eingangstür in schwerem Eichenholz trägt auf zwölf Feldern, in Messing getrieben, die Symbole der zwölf Stämme Israels. Durch die Tür in den Synagogenraum gelangt, sieht man zuerst den dem Gesetze entsprechenden, sich in der Mitte befindenden Almemor und dahinter an der Ostwand, hinter einem Bogen der Kuppel, den Thoraschrein. Der Almemor befindet sich in der Mitte des Raumes, unterhalb des Zenits der Kuppel. An eben diesem Punkt über dem Almemor hängt ein großer, aus vielen kleinen Glaskörpern bestehender Lüster, derart an kleinen Kettchen aufgehängt, daß der Korpus eine Kugel bildet. Diese Kugel ist gleichsam der Brennpunkt der parabolischen Kuppel und könnte demnach als symbolische Ausstrahlung der Lehre über dem Thora-Vorlesepult gelten.

(Abb. 49, gegenüberliegende Seite) Synagoge Würzburg, Innenansicht nach Osten

Die Kuppel hat eine Parabelform und bildet in ihrem Fuße ein Achteck. Der Raum des Kuppelbaues erweitert sich über acht parabolische Öffnungen in den viereckigen Gesamtraum der Synagoge. In jedem Winkel des Achteckes befindet sich eine Stütze, an der sich über Kopfhöhe eine Seitenleuchte und am Almemor zwei Kandellaberleuchten befinden. Sie alle sind aus denselben Elementen wie die Kugelleuchte zusammengesetzt.

Der Thoraschrein befindet sich hinter einer in Peki'in-Marmor aus Israel gefertigten Wand. Über ihm die Gesetzestafeln, umrahmt von einem symbolisch brennenden Dornbusch, in Stein gemeißelt, das Werk des Würzburger Bildhauers Franz Pechwitz.

Ein unsichtbarer Deckenstrahler beleuchtet das Gesamtbild, und eine Leuchtröhre hinter der Marmorblende gibt dem Parachet (Vorhang) des Thoraschreins plastische Gestalt.

In der Nordost- und südöstlichen Wand befinden sich zwei Fenster. Sie bestehen aus Buntglasstücken in Beton. Die nordwestliche und südwestliche Wand sind offen und verbunden mit zwei Nebenräumen, in welchen sich die Sitze für die Frauen befinden. Das Ewige Licht, ein in Messing getriebenes Schild mit roter Leuchte, sowie die Geländer vor dem Thoraschrein und das Geländer am Almemor aus Bronze sind das Werk des Kunstschmiedemeisters Senator Philipp Schrepfer aus Würzburg.

Das Gestühl ist in Eiche, in einer erprobten Konstruktion mit jeweils einem kleinen Kästchen für die Utensilien und einer Vorrichtung, welche ein bequemes Lesen des Gebetbuches im Sitzen und im Stehen erlaubt. Das Vorbeterpult ist ebenfalls aus Eiche wie auch die Bank und das Vorlesepult des Almemor. Die Konstruktion des Pultes ist derart, daß es in der Richtung nach Osten dem Vorbeter dient und in der umgekehrten Richtung, nach Westen, von der Erhöhung vor dem Thoraschrein, der Redner seinen Platz hat.

Der Vorraum der Synagoge ist mit dem Altersheim der Israelitischen Kultusgemeinde, an das sich die Synagoge anschließt, durch einen Gang, welcher in das Erdgeschoß dieses Heimes mündet, verbunden. Der Ort des Tempels wurde so gewählt, damit den älteren Mitbürgern der Gemeinde, welche hierher nach Würzburg gekommen sind, um ihren Lebensabend im Altersheim zu verbringen, die Möglichkeit gegeben ist, dem Gottesdienst beizuwohnen. Der Verbindungsgang ist so ausgebildet, daß sein Dach wegrollbar ist, und er somit als Sukka (Laubhütte) dienen kann.

Im Geschoß darunter, unterhalb der Synagoge, ist ein Saal für ca. 100 Personen mit Nebenräumen und einem kleinen Büro untergebracht. Hier befindet sich auch im nördlichen Teil die Mikwah, das Ritualbad.

Entwurf und Durchführung des Baues sind eine Gemeinschaftsarbeit der Stadt Würzburg und der Israelitischen Gemeinde. Der Entwurf entstammt der Zusammenarbeit von Oberbaudirektor Schlick und mir. Bei der Durchführung des Baues wirkten noch die Herren Oberbaurat Christof und Architekt Hugo Bender mit.

Ich will an dieser Stelle allen meinen Dank aussprechen, die ihre Hand mit angelegt haben, um dieses Werk zu vollbringen. Vor allem gilt mein Dank der Israelitischen Kultusgemeinde Würzburg, welche mir das Vertrauen zu diesem Werk entgegengebracht hat, und nicht zuletzt ihrem

(Abb. 50) Foto der auf Pergament geschriebenen Urkunde, die in die neue Synagoge von Würzburg eingemauert wurde

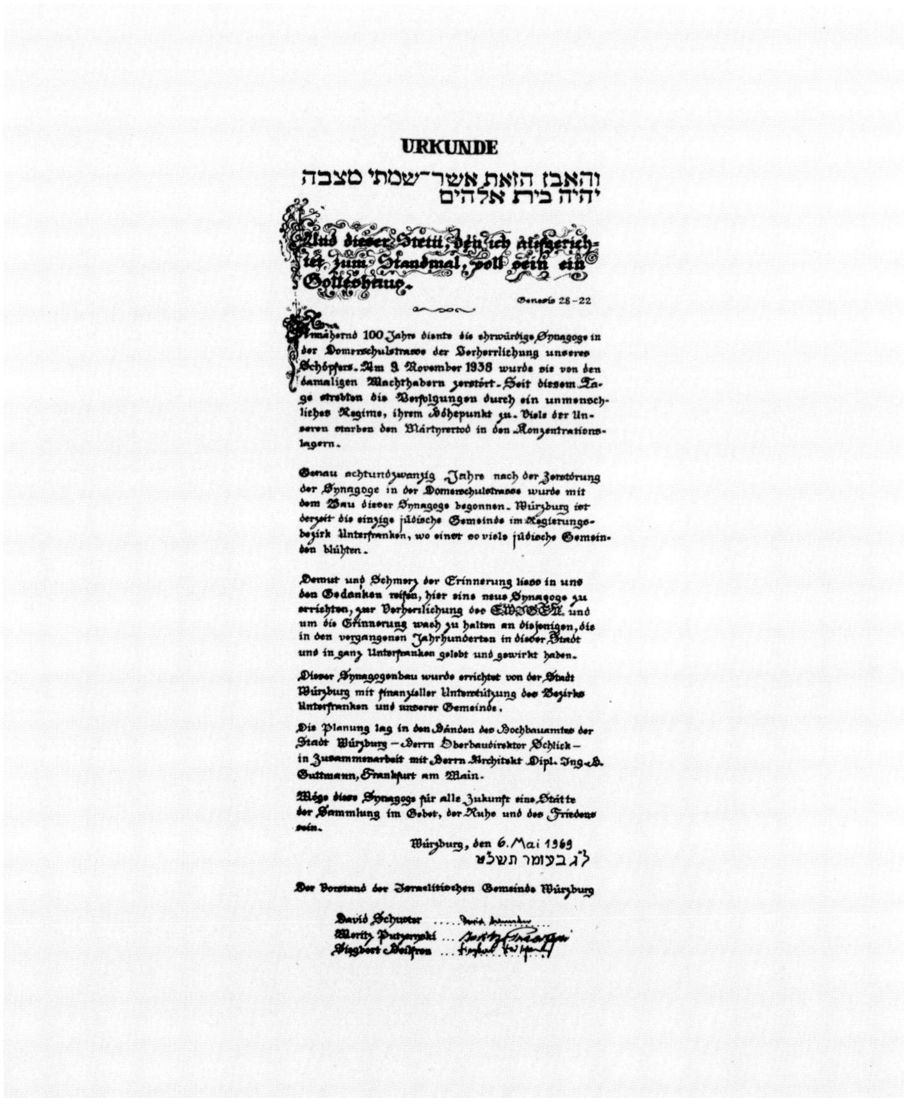

URKUNDE

והאבן הזאת אשר־שמתי מצבה
יהיה בית אלהים

Und dieser Stein, den ich aufgerichtet zum Standmal, soll sein ein Gotteshaus.

Genesis 28–22

Annähernd 100 Jahre diente die ehrwürdige Synagoge in der Domerschulstrasse der Verherrlichung unseres Schöpfers. Am 9. November 1938 wurde sie von den damaligen Machthabern zerstört. Seit diesem Tage strebten die Verfolgungen durch ein unmenschliches Regime, ihrem Höhepunkt zu. Viele der Unseren starben den Märtyrertod in den Konzentrationslagern.

Genau achtundzwanzig Jahre nach der Zerstörung der Synagoge in der Domerschulstrasse wurde mit dem Bau dieser Synagoge begonnen. Würzburg ist derzeit die einzige jüdische Gemeinde im Regierungsbezirk Unterfranken, wo einst so viele jüdische Gemeinden blühten.

Demut und Schmerz der Erinnerung liess in uns den Gedanken reifen, hier eine neue Synagoge zu errichten, zur Verherrlichung des EWIGEN und um die Erinnerung wach zu halten an diejenigen, die in den vergangenen Jahrhunderten in dieser Stadt und in ganz Unterfranken gelebt und gewirkt haben.

Dieser Synagogenbau wurde errichtet von der Stadt Würzburg mit finanzieller Unterstützung des Bezirks Unterfranken und unserer Gemeinde.

Die Planung lag in den Händen des Hochbauamtes der Stadt Würzburg – Herrn Oberbaudirektor Schlick – in Zusammenarbeit mit Herrn Architekt Dipl.-Ing. H. Guttmann, Frankfurt am Main.

Möge diese Synagoge für alle Zukunft eine Stätte der Sammlung im Gebet, der Ruhe und des Friedens sein.

Würzburg, den 6. Mai 1969
ל״ג בעומר תשכ״ט

Der Vorstand der Israelitischen Gemeinde Würzburg

David Schuster ....
Moritz Putzynski ...
Siegbert Wolfsohn ...

Vorsitzenden, Herrn Senator David Schuster, dessen Ideenreichtum und Erfahrung in der Würzburger Gemeinde mit dazu beitrugen, dieses Werk gelingen zu lassen.

Möge diese Stätte ein Ort des Segens und des Friedens sein, an dem sich allezeit das Wort des Propheten Jesaja verwirkliche:

›Denn ich bin der Ewige, dein Gott,
fasse deine Rechte, der zu Dir spricht:
Fürchte dich nicht, Ich stehe dir bei.‹

(Jes. 41/13)«

Rabbiner Dr. F. Bloch, der damalige Vorsitzende der Rabbinerkonferenz in der Bundesrepublik, schrieb anläßlich der Einweihung:
»Als Rabbiner im benachbarten Aschaffenburg, in den schweren Jahren vor dem Untergang, war mir das jüdische Würzburg, an dessen Spitze der tapfere und weise Rabbiner Dr. Hannover stand, lieb und teuer. Besonders eng verbunden war ich mit der Lehrerbildungsanstalt, in deren Kuratorium ich mitwirkte. Diese für ganz Deutschland zentrale Lehranstalt hatte unter der zielbewußten Leitung von Jakob Stoll die spätere allgemeine Entwicklung vom Seminar zur Pädagogischen Akademie schon vorweggenommen und hat gerade in der Verfolgungszeit ihre höchste Blüte erreicht. Und ihre Früchte – hochqualifizierte Lehrer im religiösen und profanen Bereich – trugen den lebendigen jüdischen Geist aus Würzburg in alle Welt ...

Der großen Vergangenheit eingedenk, aber den Blick vertrauensvoll in die Zukunft gerichtet, wünsche ich der Gemeinde Würzburg und ihrem tatkräftigen Vorsitzenden David Schuster in den neuen Räumen ein neues Aufblühen. Vor allem aber erfülle sich der Wunsch des Propheten Chaggaj: ›Mit Ehre fülle ich dieses Haus und an diesem Ort gebe ich Schalom – Frieden‹.«

Der ehemalige Oberbürgermeister Dr. Klaus Zeitler schrieb:
»Als ich kürzlich mit den Mitgliedern des Würzburger Stadtrates zum ersten Male im neuen Gotteshaus der Israelitischen Kultusgemeinde sitzen durfte, wurde mir das in mehrfacher Hinsicht Besondere dieses Augenblicks deutlich bewußt. Wohl erstmals in der Geschichte der Würzburger Juden saß ein Stadtrat in einer Synagoge. Und er stimmte damit wohl auch dem Wort des Gemeindevorstehers David Schuster zu, wonach die Mitglieder verschiedener Konfessionen und Religionen mehr von einander wissen sollten, um endlich verhängnisvolle Vorurteile abzubauen ...

Die neue Synagoge ist nicht nur ein Zentrum für die Israelitische Kultusgemeinde. Sie ist auch ein Bekenntnis der ganzen Stadt zu ihren jüdischen Mitbürgern; gleichzeitig aber auch ein mahnendes Zeichen, immer echte Toleranz zu üben und gemeinsam zusammenzustehen gegen Fanatismus und Gewalt.

Möge dem neuen Gotteshaus eine lange Zeit des Friedens und der Jüdischen Gemeinde eine neue Zeit der Blüte und des Wohlergehens im Kreise ihrer Mitbürger beschieden sein.«

Synagoge Atereth Zvi im jüdischen Altenzentrum Frankfurt/Main

(erbaut 1973–1977)

Die letzte sakrale Arbeit von Hermann Guttmann war der Bau der Synagoge im Altenzentrum der Jüdischen Gemeinde an der Bornheimer Landwehr in Frankfurt am Main. Guttmann starb, bevor der Bau vollendet war. Noch auf seinem Krankenbett suchte er die Natursteine und Hölzer aus, die für den Ausbau des Gotteshauses verwendet werden sollten, sowie das Material für die abgehängten Decken.

Dank einer Grundrißzeichnung, auf der alle für den religiösen Ablauf des Gottesdienstes notwendigen rituellen Einrichtungen und Gegenstände aufgezeichnet waren, konnte nach seinem Tode die Synagoge nach den rituell-religiösen Vorschriften fertiggestellt werden.

Die Synagoge hat, wie die meisten von Guttmann geplanten Gotteshäuser, die Form der Parabel. Vierzehn Säulen tragen die Stahlbetonkonstruktion des Daches, das in Kupfer abgedeckt ist. Zwischen den Säulen sind bleiverglaste Fenster in Echt-Danziger-Überfangglas angeordnet. Die Außenfront ist mit Marmor verkleidet. Den Zenit der Apsis ziert eine in Beton ausgebildete Menorah.

Im Innenraum verbreitet die Holzverkleidung an der Empore (Plätze für Frauen) und an der Apsis durch ihren rötlichen Farbton echte Wärme. Auch das Gestühl, eine Konstruktion Guttmanns, ist aus dem gleichen

(Abb. 51) Synagoge Atereth Zvi im Altenzentrum der Jüdischen Gemeinde Frankfurt am Main, Aufnahme während der Bauzeit (1976/1977)

Holz gefertigt. Messing umrandet in Gitterform den Almemor und begrenzt den Zugang zur Apsis mit dem Thoraschrein. Den Parochet in rotem Samt und goldbestickt stiftete die Hessische Landesregierung. Über dem Schrein tragen, in weißem Marmor gehalten, zwei Löwen die Gesetzestafeln, eine Arbeit des Frankfurter Bildhauers Herbert Wagner. Das Ewige Licht, eine geschlossene Schale aus Kristall – im Innern eine rotglühende Lampe –, wurde, da keine Zeichnung hierfür vorlag, einer gelegentlich von Guttmann geäußerten mündlichen Beschreibung nachgebildet.

(Abb. 52) Synagoge Atereth Zvi, Grundriß, Handzeichnung Guttmanns, mit Festlegung der Einrichtungsgegenstände

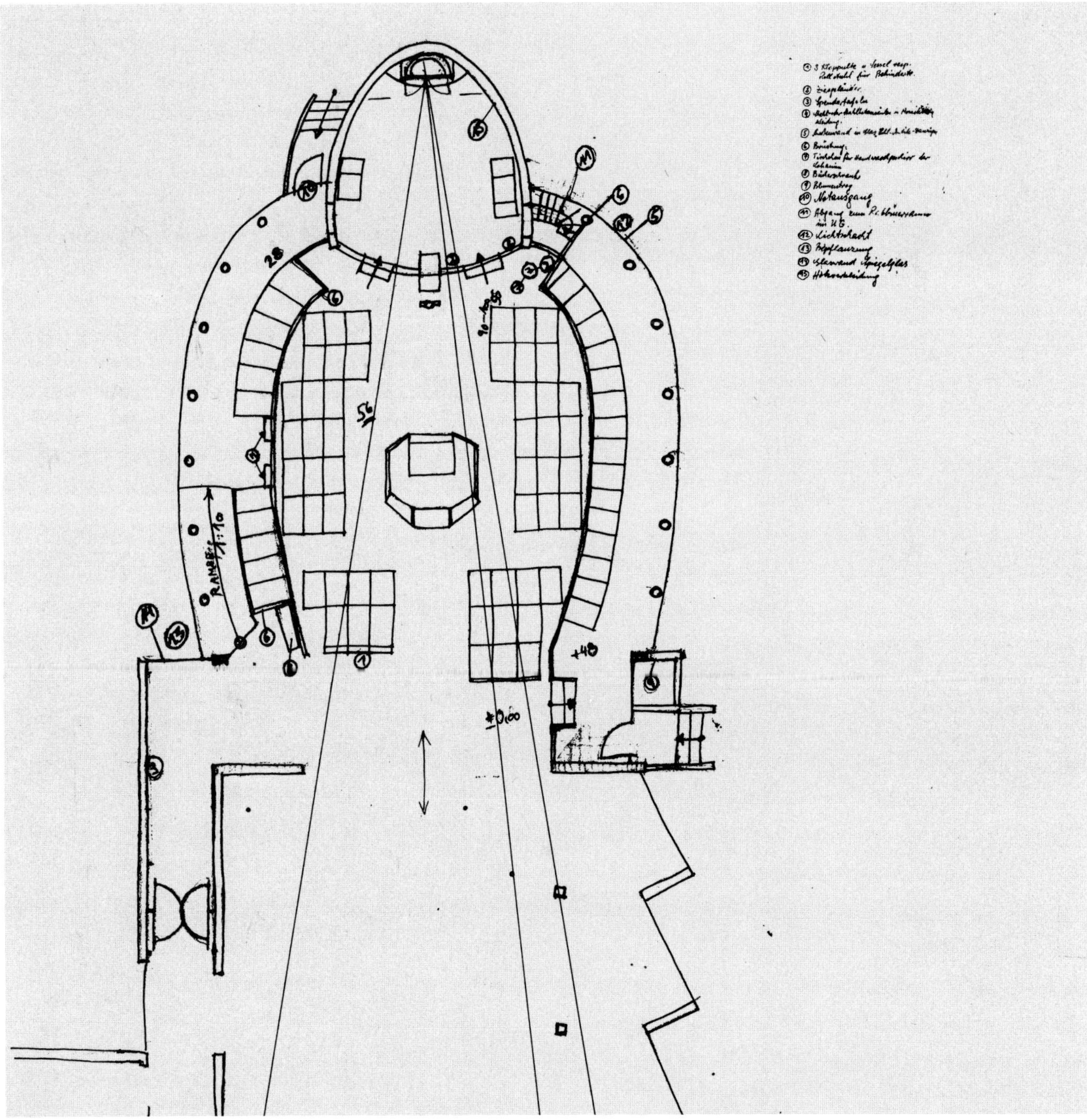

(Abb. 54, gegenüberliegende Seite oben) Synagoge Atereth Zvi. Aufnahme von der Grundsteinlegung des ersten Bauabschnittes des Gesamtkomplexes. Guttmann bei der Einmauerung einer Urkunde in den Grundstein

Die Synagoge ist von zwei Seiteneingängen zu erreichen. Der eine verbindet direkt mit dem Altenzentrum, der andere führt von einem kleinen Vorgarten ins Gotteshaus. Die beiden Türen, bleiverglast, sind mit zwei Exponaten aus dem Gebetsraum des ehemaligen Altersheimes geschmückt. Es handelt sich hier um zwei kleine, ebenfalls bleiverglaste bunte Fenster mit Menorah und Davidstern. (Die Fenster wurden in den fünfziger Jahren nach Entwürfen von Hermann Guttmann angefertigt.) An der Rückwand, gegenüber der Apsis, ist an der einen Seite ein Waschbecken aus Marmor eingefügt (eine rituelle Vorschrift), auf der anderen Seite ist eine in Messing gehaltene Platte mit Jahrzeitlichtern angebracht.

Eine große, breite Faltwand aus Holz trennt das Gotteshaus von einem sich anschließenden Festsaal, der an den Feiertagen durch das Öffnen dieser Faltwand in die Synagoge mit einbezogen wird, um so einer größeren Zahl von Besuchern (ca. 300 Personen) Platz zu bieten. Es war immer Guttmanns Wunsch, dem Gottesdienstbesucher im Synagogenraum durch architektonische Gestaltung Hoffnung – durch Licht – und das Gefühl der Geborgenheit zu vermitteln. Dies ist, so glauben wir, obwohl Guttmann nicht bis zuletzt Hand anlegen konnte, trotzdem gelungen.

Betritt man die Synagoge, die in Erinnerung an ihren Baumeister Hermann Zvi Guttmann den Namen Atereth Zvi erhielt, ist man beeindruckt von dem Licht, das durch die großen, hohen Fenster in den Betraum fällt. Es spiegelt sich wider in der Holz- und Messingausgestaltung, und man gewinnt ein Gefühl der Geborgenheit, die Sorgen des Alltags treten in den Hintergrund, und der Gottesdienstbesucher kann im Gebet zu seinem

(Abb. 53) Aufnahme während des Rohbaus aus der Vogelperspektive

(Abb. 55, gegenüberliegende Seite unten) Synagoge Atereth Zvi im jüdischen Altenzentrum an der Bornheimer Landwehr in Frankfurt, Ansicht von Süden, Aufnahme aus dem Jahr 1988

Gott finden. Vor dem Eingang zur Synagoge wurde vor der Einweihung, am 14. März 1978, eine Marmorplatte mit folgendem Text enthüllt:

»Synagoge Atereth Zvi

Zum Andenken an den Erbauer jüdischer Gotteshäuser im Nachkriegsdeutschland und langjährigen Repräsentanten der Jüdischen Gemeinde Frankfurt am Main Dipl.-Ing. Hermann Zvi Guttmann, s. A. Architekt, gest. 23. 6. 1977«

(s. A.: seligen Angedenkens)

Zum jüdischen Neujahrsfest 5738 (September 1977), drei Monate nach dem Tode von Hermann Guttmann, wurde in der Synagoge der erste Gottesdienst abgehalten, obwohl sie noch nicht vollendet war.

Dazu schrieb Alfred Jachmann (Direktor des Jüdischen Altenzentrums in Frankfurt) in der Allgemeinen Jüdischen Wochenzeitung, die zu Beginn des Monats Oktober 1977 erschien:
»Die Bewohner des Altenzentrums der Gemeinde Frankfurt feierten das diesjährige Neujahrsfest ebenso wie Jom Kippur (Versöhnungsfest) erstmals in ihrer neuerbauten Synagoge. Obwohl noch die äußere Marmorverkleidung und einiges an der Innenausstattung fehlte, erstrahlte das neue Gotteshaus bereits in seiner Schönheit . . . Freude über das Meisterwerk der Baukunst vermischt sich heute in unseren Herzen mit der Trauer um den Erbauer, dem es nicht vergönnt war, die Krönung seiner segensreichen

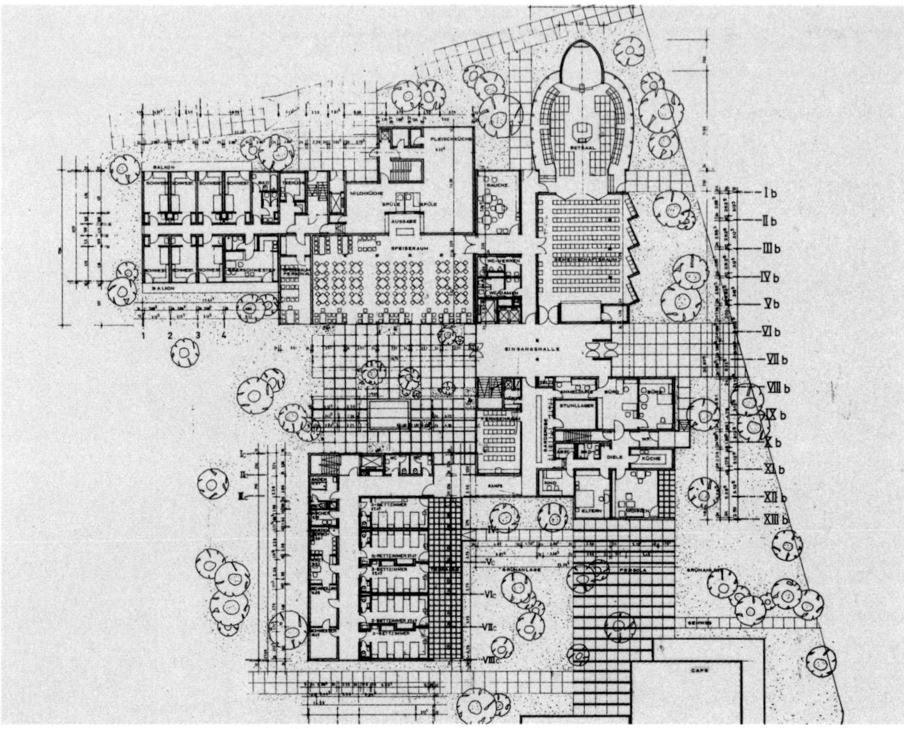

(Abb. 56) Synagoge Atereth Zvi, mit Gesamtgrundriß des Erdgeschosses, Entwurfszeichnung

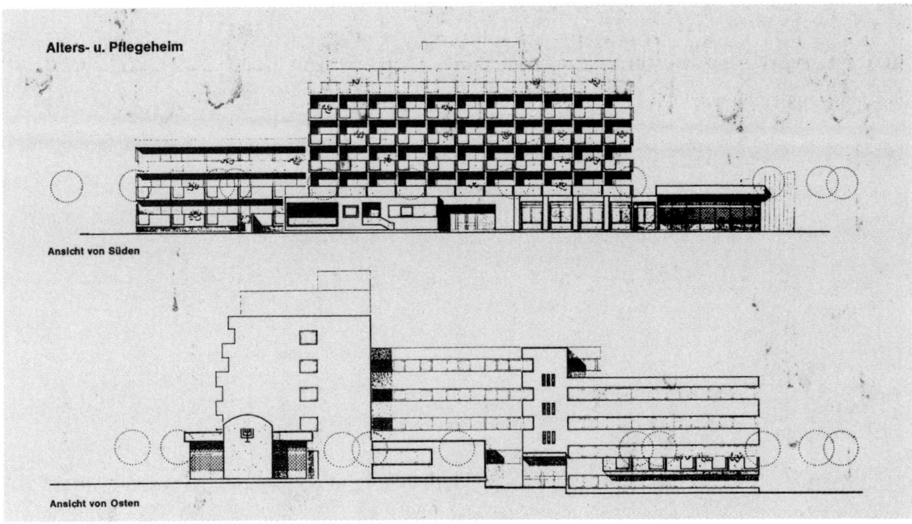

(Abb. 57) Synagoge Atereth Zvi, Entwurfszeichnungen von der Synagoge mit Alters- und Pflegeheim, Ansichten von Süden und Osten

Arbeit zu erleben. Doch er, der unermüdlich das jüdische Leben mit seinen Synagogen, Gemeindezentren und Gedenkstätten bereicherte, bedarf keines Monuments, denn seiner Hände Werk spricht eine Sprache, die niemals – nach allem, was wir haben durchleben müssen – in Vergessenheit geraten kann. Sie ist eine bleibende Erinnerung aus Stein und Marmor an den Ingenieur Hermann Zvi Guttmann, der so einfühlsam jüdische Tradition mit moderner Architektur zu verbinden wußte.«

In der Frankfurter Neue Presse vom 15. März 1978 hieß es: »Nach dem Vorbild jenes Tempels, den König Salomon in Jerusalem errichtete, sind die Fensterfronten der neuen Synagoge hell und weit und eben jene Öffnungen, durch die das ›Licht Gottes‹ von innen nach außen dringen kann. Die feierliche Prozession der Gemeinde-Ältesten mit den sechs Thorarollen dokumentiert die tiefe Gläubigkeit eines Judentums, dessen Wirken ... unvergessen bleibt ... Und so bekundete auch Jakob Wolf als Gemeindevorstand der Jüdischen Gemeinde, daß die neue Synagoge nach judaischem Gebot ein ›Gotteshaus für alle‹ sein werde.«

Das Frankfurter Jüdische Gemeindeblatt (amtliches Organ der Jüdischen Gemeinde Frankfurt) schrieb in der Pessach-Ausgabe von 1978: »Mit dem Einheben der Thorarollen in die Heilige Lade und dem Weihespruch des Gemeinderabbiners Dr. Szobel fand die Feierlichkeit ihren Höhepunkt. Dieser Segensspruch: ›Gelobt seist Du, Ewiger, unser Gott, König der Welt, der gut ist und Gutes veranlaßt‹, sagte der Rabbiner in seiner Ansprache, sei der gleiche, mit dem vor über 70 Jahren die prachtvolle Synagoge an der Friedberger Anlage eingeweiht worden sei und von der heute nur noch ein Mahnmal künde. Es erfülle darum mit Dankbarkeit, daß die Generation, die die Synagogenzerstörung miterlebt habe, heute im gleichen Lande, in der gleichen Stadt, an der Einweihung teilnehmen dürfe.

Er gedachte des verstorbenen Architekten, dessen hebräischer Name Zvi Guttmann, s. A., die Synagoge erhalten habe.«

(Abb. 58) Synagoge Atereth Zvi im Altenzentrum der Jüdischen Gemeinde, Innenansicht, Aufnahme aus dem Jahr 1988

Umbauten

Bei den folgenden drei Beschreibungen, Entwürfen und Fotos der Umbauarbeiten von Guttmann handelt es sich stets um die Neu- bzw. Umgestaltung der Innenräume der Synagogen. Dabei wurde dem Umstand Rechnung getragen, daß die räumlichen Anforderungen, gegenüber denen der jüdischen Gemeinden vor ihrer Vernichtung, bescheidener waren, da die Gemeinden, die nach 1945 wiedererstanden, nur wenige Seelen zählten.

Die Arbeiten wurden alle in den sechziger Jahren ausgeführt. Heute können mit Sicherheit mehr Mittel für derartige Vorhaben aufgewendet, ja sogar im Interesse des Denkmalschutzes die früheren Zustände wiederhergestellt werden.

Synagoge Bayreuth (1964/1965)

In der Mitte des achtzehnten Jahrhunderts erwarb die Israelitische Kultus-Gemeinde Bayreuth das 1715 erbaute Comödien- und Redoutenhaus. Es wurde in den Jahren 1759/1760 umgebaut und diente, bis zur Zerstörung durch die Nazis am 9. November 1938, den jüdischen Bürgern Bayreuths als Gotteshaus. Daß es nicht zum Raub der Flammen wurde, verdankt es seiner Lage neben dem Bayreuther Opernhaus. Die Nazis befürchteten, wenn sie die Synagoge anzünden und niederbrennen würden, daß auch das markgräfliche Opernhaus vom Feuer erfaßt und beschädigt werden könnte. Nach dem Kriegsende konnte der Innenraum notdürftig renoviert und wieder als Synagoge eingerichtet werden.

Im Jahre 1963 trat der Vorstand der wiedergegründeten Israelitischen Kultusgemeinde (sie zählte damals wieder 55 Seelen) an Hermann Guttmann heran und beauftragte ihn mit der Neugestaltung der Synagoge. Äußerlich jedoch sollte das historische Bauwerk, das Zerstörungswut und Kriegseinwirkungen überstanden hatte, keine Änderung erfahren.

Von Hermann Guttmann existiert über die Bayreuther Synagoge keine Beschreibung mehr. Wir greifen auf einen Zeitungsbericht aus der Fränkischen Presse vom 2. Mai 1964, der mit »Israelitische Gemeinde erhält

(Abb. 59) Synagoge Bayreuth, Innenansicht nach Osten mit Blick auf den Almemor, der von Guttmann neu eingebaut wurde, und auf den Thoraschrein, der in seiner historischen Form erhalten blieb, Aufnahme aus dem Jahr 1988

(Abb. 60) Synagoge Bayreuth, Seitenansicht des von Guttmann verkleinerten Innenraumes, Aufnahme aus dem Jahr 1988

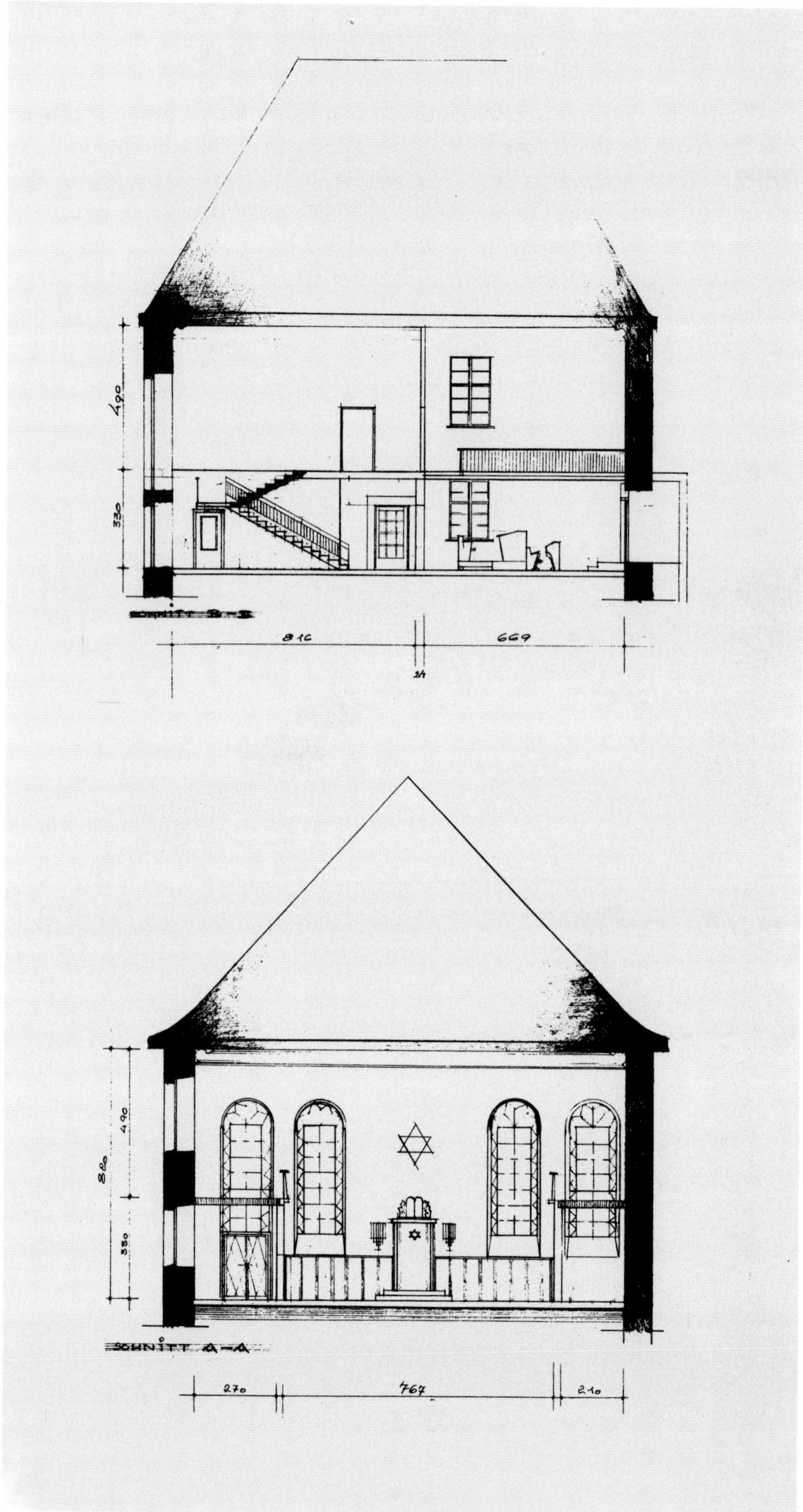

(Abb. 61) Synagoge Bayreuth

Oben: Schnitt durch das Gebäude mit Verwaltungsräumen und Religionsschule, Rabbinat und Aufgang zum Gemeindesaal, Entwurfsplanung

Unten: Schnitt durch den beim Umbau verkleinerten Innenraum der Synagoge, Entwurfsplanung

wieder Synagoge – Frankfurter Architekt entwarf Pläne« betitelt ist, zurück, in dem auch das Raumprogramm im einzelnen beschrieben wird:

»Wenn die Synagoge in etwa einem halben Jahr innen vollständig umgebaut ist, wird in dem Betraum für 50 Personen – 30 Männer und 20 Frauen – Platz geschaffen sein. Außerdem steht dann ein Raum für die Jugend zur Verfügung, die auch hier im jüdischen Glauben unterrichtet werden kann. Die Synagoge nimmt außerdem noch einen Clubraum sowie eine Garderobe mit Waschraum und Toiletten auf. Im einzelnen ist vorgesehen, den östlichen Teil der Synagoge als Betraum zu belassen, der durch eine Mauer, ungefähr in der Mitte der Nord- und Südwand, abgeschlossen wird. An der Süd- und Nordseite werden zwei Wände hochgezogen, die einerseits den Betraum entsprechend verkleinern, links einen Durchgang in den Garten lassen, rechts einen kleinen Nebenraum für den Rabbiner bilden und die Empore für die Frauen tragen. Im westlichen

(Abb. 62) Synagoge Bayreuth, Außenansicht. Das von der Israelitischen Kultusgemeinde bereits 1715 erworbene und 1759/60 als Synagoge umgebaute Gebäude wurde am 9. November 1938 im Innern fast völlig verwüstet. Aufnahme aus dem Jahr 1988

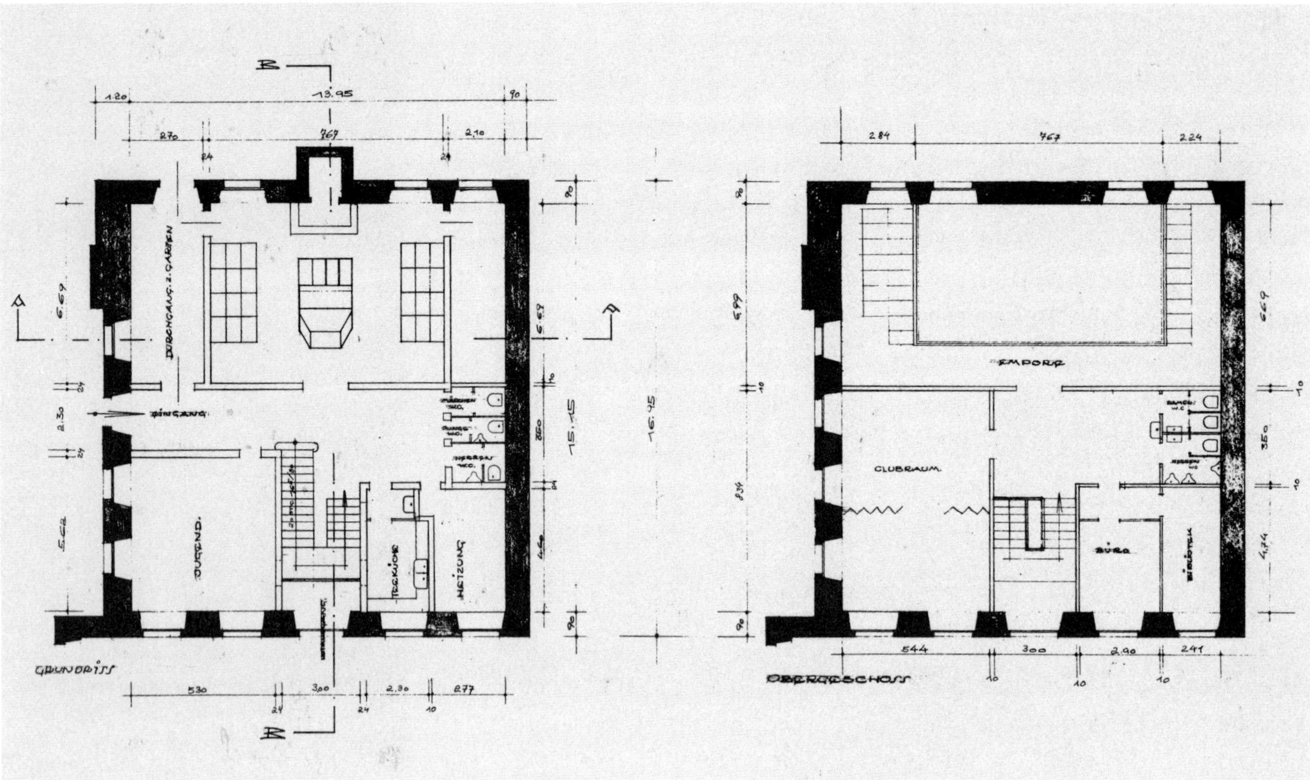

(Abb. 63) Synagoge Fürth, Planentwürfe für den Umbau, Grundrisse von Erdgeschoß und Obergeschoß

Teil kommt der Jugendraum unter, zu dem auch eine Teeküche gehört. Der Haupteingang soll verlegt werden, so daß die Synagoge direkt von der Straße – der Münzgasse aus – begehbar ist. Im Obergeschoß (auf gleicher Höhe mit der Empore) liegt über dem Jugendzentrum der Gemeindesaal, während rechts vom Aufgang, über eine Diele erreichbar, das Büro mit einem kleinen Bibliotheksraum untergebracht ist. An einer Seite des Betraumes soll eine Gedenktafel angebracht werden zur Erinnerung an die einst in Bayreuth lebenden und während der Hitlerzeit ermordeten Juden.«

Guttmann hat auch hier der Synagoge Gesellschaftsräume zugeordnet, die – wenn auch in kleinem Umfang – dem Charakter des Gemeindezentrums entsprechen.

Da im Archiv von Hermann Guttmann keine Bilder von der Synagoge Bayreuth existieren, haben wir Aufnahmen von dem Synagogengebäude gemacht. Wir besichtigten auch den eingebauten Gemeindesaal im Obergeschoß. An den Wänden hingen Bilder und Erinnerungsfotos von religiösen Familienfesten wie Bar-Mitzwoth oder Hochzeiten. Derartige Feste, erklärte uns der Sohn des Gemeindevorstehers, stellen im Leben einer relativ kleinen Gemeinde Ereignisse dar, an denen alle Gemeindemitglieder teilnehmen. Auch Fotos von Feiern zum Jon Ha'tzmauth (Gründungstag des Staates Israel), zu Purim oder von Sederabenden waren zu sehen. Sie alle gaben Zeugnis vom gesellschaftlichen Leben, das durch den Umbau des einstmals großen Gotteshauses in ein Gemeindezentrum mit Synagoge und Gesellschaftsräumen ermöglicht wurde.

Synagoge Fürth (1967)

Im Jahre 1763 gründete ein aus Prag stammender Israel Lichtenberg in der Julienstraße in Fürth ein jüdisches Waisenhaus. Die dazugehörige Synagoge, »Waisenschul« genannt, war das einzige der acht jüdischen Gotteshäuser in Fürth, das der Zerstörung am 9. November 1938 entging. Die Nazis ließen das Waisenhaus unberührt, weil sie die Räumlichkeiten für ihre Zwecke nutzen wollten. Sie wurden von der Gestapo beschlagnahmt. Zuletzt machte man aus der Synagoge ein Kartoffellager.

Von der bis zur nationalsozialistischen Machtergreifung rund viertausend Seelen zählenden jüdischen Gemeinde gab es nach 1945 nur noch wenige Überlebende. Von den Kindern, die mit ihren Lehrern aus dem Waisenhaus deportiert wurden, überlebte keines. Sie wurden alle vergast.

Nach dem Zweiten Weltkrieg wurde das Waisenhaus in ein Wohnheim für die aus den Konzentrationslagern Zurückgekehrten umgewandelt.

Mitte der sechziger Jahre beauftragte die wiedergegründete Israelitische Kultusgemeinde Fürth Hermann Guttmann mit dem Umbau der zuvor nur notdürftig renovierten Synagoge des ehemaligen Waisenhauses. Die Arbeiten waren im Sommer 1967 beendet.

(Abb. 64) Synagoge Fürth, Teilansicht des Synagogenraumes mit Blick auf Almemor und Empore; letztere konnte in ihrer alten Form restauriert und in den Umbau mit einbezogen werden

(Abb. 65) Synagoge Fürth, Chanukkaleuchter aus Messing, moderne Form

Anläßlich der Einweihung am 9. Juli 1967 schrieb der damalige Vorsitzende der Israelitischen Kultusgemeinde, Senator Jean Mandel:

»Über 20 Jahre sind vergangen, seitdem wir unsere Waisenschul wieder zurückerhielten, nachdem wir ab Mai 1945 zuerst im Stadttheater und dann im ›LuLi‹ einen Betsaal von den Amerikanern zugewiesen bekommen hatten. Die Synagoge befand sich in einem unwürdigen Zustand. Wir renovierten mit den wenigen vorhandenen Mitteln alles notdürftig, und erst jetzt, nach dieser langen Zeit, ist es uns vergönnt, die Waisenschul in einen Zustand zu versetzen, der ihrer würdig ist und diese Synagoge wirklich zu einem Schmuckkästchen unter den deutschen Synagogen macht; dabei durfte nach jüdischem Brauch nichts an der Synagoge in ihren Hauptbestandteilen verändert werden, und Rabbiner Spiro wachte eifersüchtig darüber, daß keine Wand eingebrochen wurde und alles nach dem Din (religionsgesetzliche Vorschrift) vollendet wurde. Trotz dieser Auflagen kam ein Werk zustande, das seinen Meister lobt.«

(Rabbiner David Spiro, einer der Überlebenden des letzten Warschauer Rabbinatskollegiums und Mitkämpfer im Warschauer Getto-Aufstand, wurde im September 1945 die Aufsicht über das Waisenhaus und das Rabbinat Fürth übertragen. Er war im Frühjahr 1945 in Hersbruck, in der Nähe von Fürth, von den Amerikanern aus dem Konzentrationslager befreit worden. Er amtierte auch bei der Einweihung der Synagoge Waisenschul im Juli 1967.)

(Abb. 66) Synagoge Fürth, Innenansicht mit Blick auf den restaurierten Thoraschrein, der von Guttmann in den Umbau mit einbezogen wurde

Auf Wunsch von Rabbinat und Vorstand der Israelitischen Kultusgemeinde baute Guttmann auch eine Mikwah, die er in ein neues Badehaus integrierte. Auch die über zweihundert Jahre alte Laubhütte im zweiten Stock des ehemaligen Waisenhauses wurde von Guttmann renoviert und konnte ihrem früheren Zweck wieder zugeführt werden.

Synagoge Augsburg (1963)

Die jüdische Gemeinschaft in Augsburg erbaute bereits in den Jahren 1912 bis 1917 eine Synagoge, der sich ein Gemeindehaus mit weiteren Räumlichkeiten anschloß. Das Gotteshaus, ein prächtiges Bauwerk im Jugendstil, wurde in der Nacht vom 9. auf den 10. November 1938 in Brand gesteckt und teilweise zerstört. Es konnte erst in den achtziger Jahren restauriert und 1985 feierlich seiner Bestimmung übergeben werden.

Die einst blühende Jüdische Gemeinde Augsburg wurde, wie dies auch in anderen deutschen Städten geschah, durch die Nazis vernichtet. Die sich nach dem Krieg wieder angesiedelten jüdischen Bürger können das große Haus nicht mehr füllen. Es soll nur noch an Feiertagen für Gottesdienste genutzt werden. Die Israelitische Kultusgemeinde hat es daher als Hauptexponat in das jüdische Kulturmuseum Augsburg eingebracht mit dem Ziel, ihren Mitbürgern jüdische Religion näherzubringen.

Zu Beginn der sechziger Jahre beauftragte die Israelitische Kultusgemeinde Schwaben-Augsburg Hermann Guttmann mit dem Einbau einer kleinen Synagoge in die Räume des noch bestehenden Gemeindehauses,

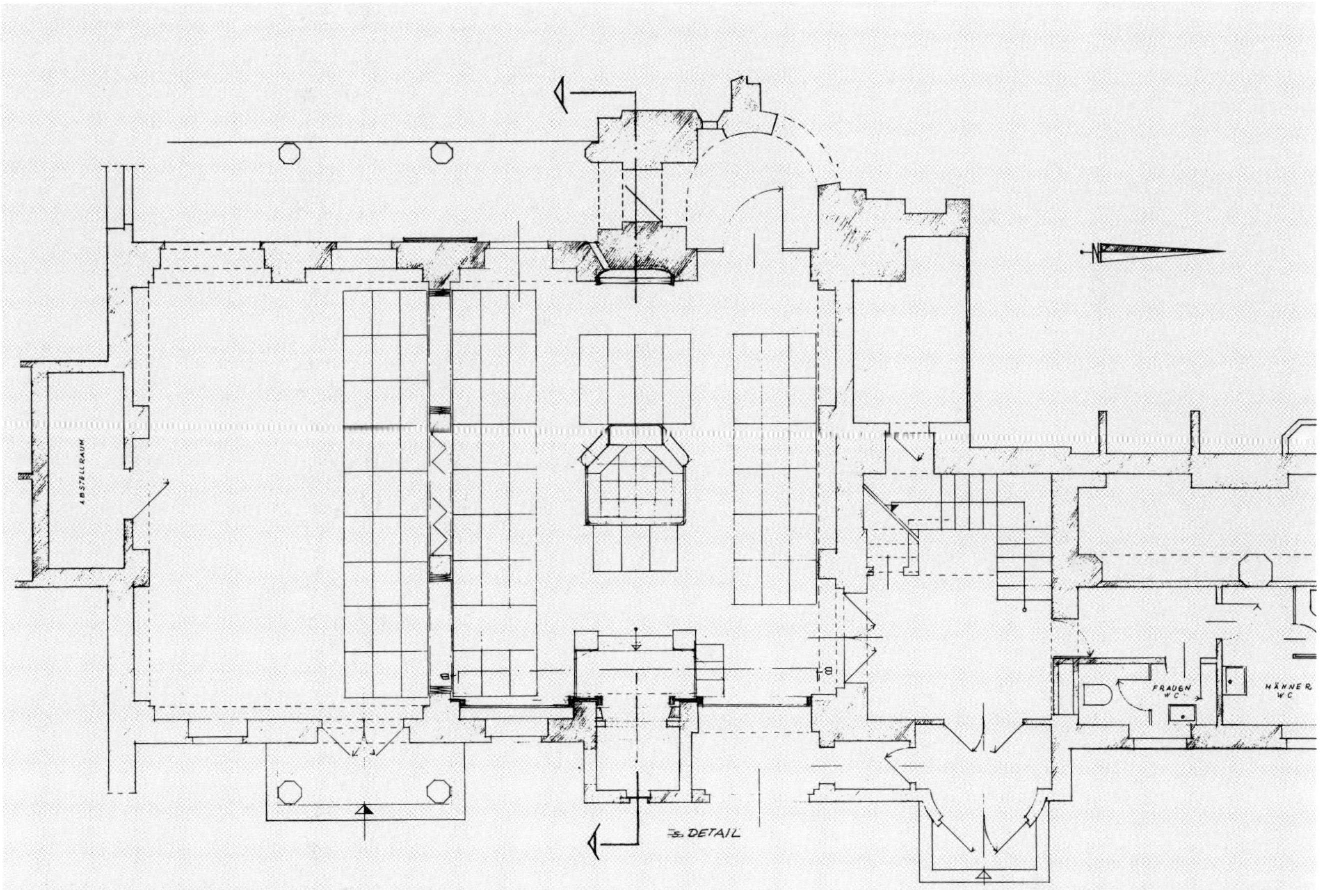

(Abb. 67) Synagoge Augsburg, Grundriß des Erdgeschosses, Entwurfsplanung für den Einbau einer kleinen Synagoge in das Gemeindehaus im Synagogenanwesen Augsburg

זה השער לה צדיקים יבאו בו

(Abb. 69) Kleine Synagoge Augsburg, Innenansicht nach Osten. Aufnahme aus dem Jahr 1988

das dem großen Synagogentrakt angegliedert ist. Sie wurde im Jahre 1963 fertiggestellt und eingeweiht – ein kleiner, schlichter und trotz allem festlich wirkender Betraum. Lediglich die beiden bunten Glasfenster hinter dem Thoraschrein sind eine Konzession an die Formgebung der späten fünfziger und frühen sechziger Jahre.

(Abb. 68, gegenüberliegende Seite) Kleine Synagoge Augsburg, Innenansicht mit Blick auf den geöffneten Thoraschrein mit den Thorarollen, -mänteln, -schildern und -kronen. Aufgenommen vor dem Almemor, bedeckt mit Samtdecke und Goldstickerei. Aufnahme aus dem Jahr 1988

Friedhofshallen

Der Friedhof heißt bei den Juden Beth Hachajim = Haus des Lebens, und Nefesch = Seele nennt die Mischna das Haus, das auf einem Friedhof steht. Damit soll gesagt werden, daß das Leben nicht verloren ist, selbst wenn die Hüllen allen Lebens zerfallen sind.

In diesem Sinne wollen auch die Friedhofshallen, die Guttmann baute, verstanden werden. Sie sind nicht nur ein Ersatz für die am 9. und 10. November 1938 zerstörten Hallen zum Gedenken der Verstorbenen. Die neuen Friedhofshallen sollen nach dem Willen des Erbauers ihre Aufgabe erfüllen als Stätte des Gedenkens und Quelle des Trostes, der Zuversicht und des inneren Friedens.

Dr. Emil Schorsch, früherer Oberrabbiner der Synagogengemeinde Hannover, schrieb dazu:
»Wie oft war es mir vergönnt, als dem letzten Rabbiner der Gemeinde Hannover vor der Zerstörung, in der stillen Friedhofshalle, die hier gestanden hat, die Leidtragenden zu trösten und ihnen Mut und Hoffnung zu geben. Als ich kürzlich, nach so vielen Jahren, wieder die Gelegenheit hatte, diesen Friedhof zu betreten und am Eingang die 340 Urnengräber wahrnahm, Gräber unbekannter Brüder von Polen, die in der Nähe von Hannover ihres Lebens beraubt wurden, und das erschütternde Denkmal der Viertausend, deren Leben ausgelöscht wurde, Symbole der ungeheuren Katastrophe, da hätte ich kein Wort der Tröstung sprechen können; Meay Chamarmaru, die Seele wäre im Schmerze verstummt. Und plötzlich bemerkte ich die sanften Linien in der Architektur der neuen Friedhofshalle. Sie ist ja nicht so groß wie ihre Vorgängerin, nicht so monumental; aber ihre religiöse, philosophische Botschaft ist um so tiefer . . .«

Für die Jüdische Gemeinde zu Berlin plante Guttmann in den Jahren 1954/1955 ein Friedhofsgebäude mit Trauerhalle.

Neben Entwurfszeichnungen und Plänen war unter den Akten Guttmanns die folgende Zeitungsnotiz über einen Vorstandsbericht der Berliner Gemeinde zu finden, in der es u. a. heißt: »In seiner Sitzung am 20. Juli 1955 beschäftigte sich der Vorstand der Jüdischen Gemeinde zu Berlin eingehend mit dem Projekt des Friedhofs und den zu errichtenden Fried-

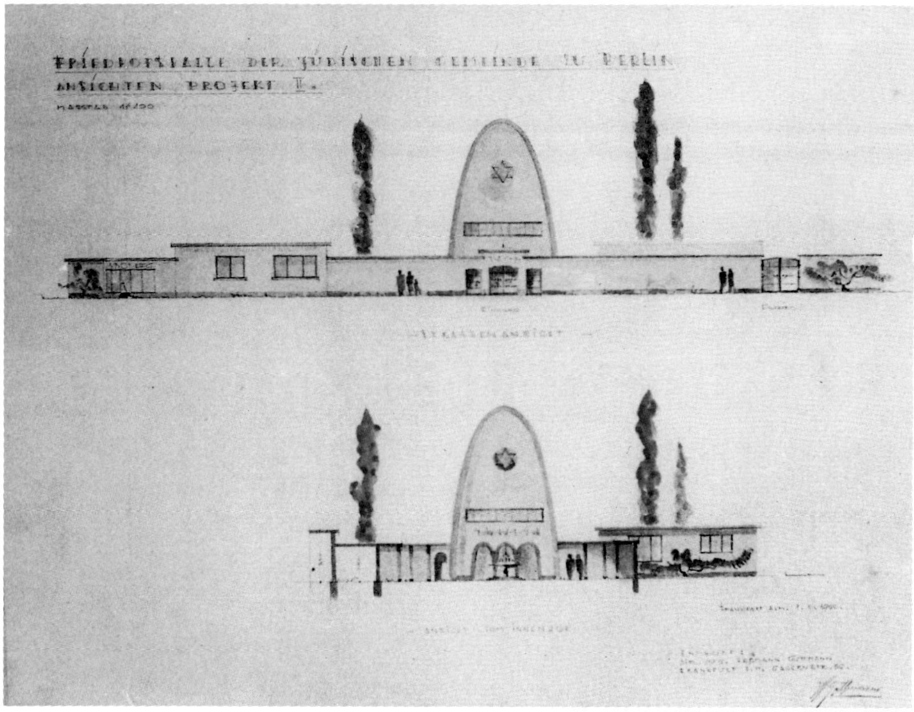

(Abb. 70) Entwurf einer Friedhofshalle für die Jüdische Gemeinde zu Berlin, Ansichten. Die Planung von Guttmann wurde nicht realisiert

hofsgebäuden. Dipl.-Ing. Guttmann aus Frankfurt a. M., der die Bauvorhaben auf dem Friedhof leiten wird, war vom Vorstand zu dieser Sitzung gebeten worden. Er unterbreitete dem Vorstand seine Pläne, nach denen die Gebäude sowohl den religiösen Aspekten als auch der modernen Architektur Rechnung tragen.«

Es kam zu keiner Ausführung der Planung. Die Entwurfsarbeit verwandte Guttmann später als Vorlage für die Friedhofshalle in Hannover.

Hannover
(erbaut in den Jahren 1958–1960)

»An der Burgwedeler Straße in Hannover-Bothfeld liegt seit dem Jahre 1926 der jüdische Friedhof. Im Jahre 1938 wurde die damals neuerrichtete Halle, ein großer, freistehender Kuppelbau, welcher außer der Andachtshalle sämtliche nötigen Nebenräume beherbergte, von den damaligen Machthabern durch Brandstiftung zerstört und die Schadenssumme der Versicherung vom Staate eingezogen. Damit endete vorerst das Kapitel ›Jüdische Friedhofshalle‹ in der Stadt Hannover.

Als kleines Häuflein in ihre Heimatstadt zurückgekehrt, begannen die Juden Hannovers, neues jüdisches Leben aufzubauen. Eine der ersten Taten war die würdige Beisetzung der aus Bergen-Belsen und der Umgebung Hannovers gebrachten Urnen mit der Asche der umgekommenen Brüder und Schwestern. Und so wurde längs der Hauptachse ein Feld mit kleinen, viereckigen Steinen, welche die Namen der für Kiddusch-Haschem Gefallenen tragen, besät. Vor zwei Jahren (1958) ging die Gemeinde daran, eine neue Halle zu planen, für die ich den ehrenvollen Auftrag erhielt, die Entwürfe zu fertigen und den Bau zu leiten. Die Halle sollte nicht mehr so groß wie einst werden, sondern den heutigen Verhältnissen in der Gemeinde entsprechen.«

Planung und Gestaltung

»Bei der Planung und Gestaltung des Äußeren ging ich von dem Gedanken aus, daß der Bau die Pforte ins Jenseits für die Lebenden bedeutet, denn wie

(Abb. 71) Friedhofshalle auf dem jüdischen Friedhof in Hannover-Bothfeld – Montage der parabelförmigen Stahlbetonrahmen der Trauerhalle

sollte der heutige Jude nach all dem Geschehen nicht daran glauben, daß es dieses Jenseits gibt? Sonst wäre ja die Katastrophe, die vor Gottes Antlitz geschah, mit Menschenverstand gar nicht mehr zu erfassen. Deshalb ist die Halle nicht allzu düster gehalten. Der Hauptbau – die Andachtshalle – ist außen hell, das Dach mit Kupfer gedeckt, die Stirnseite mit Travertin verblendet.

Das tragende Element, die vorgefertigten Stahlbetonparabeln, ebenso wie die parabolischen Bauelemente des Atriums, aus abgesandeltem Stahlbeton besonderer Körnung und weißem Zement, bilden gleichsam den von Kupfer umfaßten Rahmen der Fassade. Die fünfzig Meter lange Mauerfront hat eine hellgelbe Klinker-Verblendung. Das Innere ist der Stimmung angepaßt. Während die tragenden Parabeln naturfarben blieben, sind die Wandfelder zwischen ihnen in dunklem Terrakotta getönt, die eichenen

(Abb. 72) Friedhofshalle auf dem jüdischen Friedhof in Hannover-Bothfeld, Rückansicht

(Abb. 73) Trauerhalle auf dem jüdischen Friedhof in Hannover-Bothfeld, Blick vom Friedhof auf den Wandelgang

Bänke und das Rednerpult schwarz gebeizt, und der Fußboden ist schwarz marmoriert. Sämtliche Fenster der Haupthalle sind aus Echt-Antik-Danziger-Überfangglas. Die Beleuchtung ist indirekt.«

Die Andachtshalle

»Der Konstruktion der Andachtshalle ist eine neuneinhalb Meter hohe Parabel zugrunde gelegt. Der Grundriß hat die Ausmaße von sechs Meter Breite und zwölf Meter Länge. Der Raum bietet 56 Personen eine feste Sitzgelegenheit und kann durch Ergänzungsbestuhlung seine Kapazität bis auf 90 Sitzplätze vergrößern. Längs der Straße ist eine über drei Meter hohe Mauer errichtet, hinter der, links der Halle, die für das Ritual und die Aufbewahrung erforderlichen Räume untergebracht sind. Rechts davon befindet sich eine Vorhalle, ein Atrium, mit dem Haupteingang zum Friedhof, ein kleiner Büroraum, der gleichzeitig als Umkleideraum dient, ein Raum für die auf dem Friedhof beschäftigten Gartenarbeiter, eine Gerätekammer und eine Wohnung für den Friedhofsverwalter.

Bei der Abfassung des Grundrisses ging ich in erster Linie von der Zweckdienlichkeit aus. Der Leichenwagen bringt den Verstorbenen durch die linke Einfahrt zum Tahara-Raum, wo die rituelle Waschung vorgenommen wird. Von dort wird die sterbliche Hülle im Sarg durch einen kleinen Korridor, von dem auch der Wärterraum erreichbar ist, in den Leichenraum gebracht. Dort bleibt sie bis zu den Begräbnisfeierlichkeiten. Der Leichenraum ist mit dem Wärterraum durch ein fest eingebautes Glasfenster verbunden, so daß die Wache den Sarg immer im Blick behält. Bei den Feierlichkeiten wird durch eine direkte Verbindungstür die Bahre in die Andachtshalle auf den für sie bestimmten Platz zwischen Rednerpult und Bänken getragen. Nach den Ansprachen führt, an der anderen Seite der Halle, der Weg durch eine Tür unmittelbar auf den Friedhof.

Die Besucher kommen durch den Haupteingang in das Atrium, von dort durch die Vorhalle in die Halle. Diese hat zu beiden Seiten, zu den utilitären Räumen und zur Vorhalle, je ein Klappdächlein. Beide werden während der Trauerfeier hochgehoben und trennen so die einzelnen Gebäude völlig voneinander. Diese Konstruktion erlaubt es den Cohanim (Priestern von Geburt), in der Vorhalle der Trauerrede für ihre Angehörigen zu lauschen und durch die großen Glasfenster der Vorhalle dem Leichenzuge zuzusehen.

(Abb. 74, gegenüberliegende Seite) Friedhofshalle auf dem jüdischen Friedhof in Hannover-Bothfeld. Blick auf den Innenraum der Trauerhalle, der sich nach oben parabelförmig verjüngt

Der wirtschaftliche Teil, wie die Verwalterwohnung, Büro, Gerätekammer usw., liegt am anderen Ende des Atriums. Für die Waschung der Hände stehen zwei Brunnen im Atrium zur Verfügung, einer davon an der Wand des Eingangs in die Vorhalle. Der zweite steht in der Mitte des Vorhofes und ist in Sandstein aus einem Stück gemeißelt. Beide Brunnen sind von in

Hannover schaffenden jungen Künstlern angefertigt worden; der Wandbrunnen von Ewald Brandt, der Brunnen im Atrium von Reinhold Kniel.«

Die Gedenkstätte

»Der Gedenkstein für die Opfer der Gewaltherrschaft befindet sich hinter den Urnengräbern auf der Achse der Friedhofshalle. Er ist parabelartig aus einem Sandsteinblock von über drei Meter Höhe gefertigt.

So gestaltet sollen der von der Straße aus sichtbare Friedhof und die Bebauung eine harmonische Einheit bilden, die zugleich das gegenwärtige Wirken als auch die Mahnung an die Vergangenheit empfinden läßt.

Allen, welche mir bei der Verwirklichung meiner Gedanken halfen, sei hier mein Dank ausgesprochen. Vor allem gilt er der Jüdischen Gemeinde Hannover, dem Vorstand, dem Gemeinderat und der Baukommission; ferner den Behörden, meinem Kollegen Wilhelm Feulbach jun. (örtliche

(Abb. 75) Friedhofshalle auf dem jüdischen Friedhof Hannover-Bothfeld, Blick auf Wandelgang, Vorderansicht

(Abb. 76) Friedhofshalle, jüdischer Friedhof, Hannover-Bothfeld. Wandelgang mit Blick auf Innenhof und Brunnen

Bauaufsicht), dem Landschafts- und Gartenarchitekt Rudolf Stichnothe (Gartengestaltung) und jedem, der Hand anlegte, um das Werk entstehen zu lassen.

Möge an dieser Stätte jeder die Allmacht Gottes erkennen, der uns vor dem Erreichen der Pforte segensreich schaffen läßt. Mit dieser Empfindung lese er dann die Inschrift auf der als Kennzeichen an der Außenmauer des neuen Friedhofsgebäudes angebrachten Tafel, welche in hebräischer und in deutscher Sprache die Worte des 6. Verses des 31. Psalms trägt:

›In Deine Hand vertraue ich meinen Geist.
Du befreiest, Ewiger, mich, Du treuer Gott‹.«

Während des Baues fand die entstehende Friedhofshalle bereits große Beachtung: Die Hannoversche Allgemeine vom 26. 2. 1959 schrieb: »Über

(Abb. 77) Parabelförmiger Gedenkstein auf dem jüdischen Friedhof in Hannover-Bothfeld, zum Gedenken an die über 4 000 Mitglieder der Jüdischen Gemeinde Hannover, die in der Zeit von 1933–1945 unter den Nationalsozialisten ihr Leben lassen mußten. Entwurf und Textgestaltung von Guttmann

die Mauer des Friedhofes der Jüdischen Gemeinde Hannover an der Burgwedeler Straße in Bothfeld ragen seit ein paar Tagen vier helle Spitzbögen. Sie bilden das Bauskelett für eine neue Friedhofshalle . . . Die hochragenden schmalen Betonbogen lassen schon jetzt die ungewöhnliche Form der neuen Friedhofshalle erkennen . . . Errichtet wird sie nach einem Entwurf des Architekten Dipl.-Ing. Hermann Guttmann, Frankfurt/M. . . . Guttmann, der vorgestern der Montage der fast 50 Zentner schweren Stahlbetonbinder beiwohnte, betonte, daß die neue Halle nach rituellen Vorschriften gebaut wird. Ihr Gesamtbild wird das Friedhofsbild vollkommen verändern.«

»Heute Einweihung im Haus des Lebens« überschrieb die Hannoversche Neue Presse vom 14. September 1960 ihren Beitrag: »Im Juni vergangenen Jahres wurde mit dem Bau der Halle begonnen, die nun seit etwa drei Monaten fertig ist. Die Einweihung findet nun sieben Tage vor dem jüdischen Neujahrsfest statt, ein glücklich gewählter Zeitpunkt, da das Neujahrsfest im Jüdischen Sinne ein Fest des Friedens und religiöser Verinnerlichung ist. Während der Einweihungsfeierlichkeiten werden Kultusminister Voigt, Oberbürgermeister Holweg und Dr. van Dam, Generalsekretär des Zentralrates der Juden in Deutschland, Ansprachen halten.

Landesrabbiner H. I. Gruenewald, der die Halle einweihen wird, schrieb in der Festschrift zur Einweihung der Friedhofshalle einen Satz, der unausgesprochen über allen festlichen Ansprachen stehen wird: ›Der Friedhof ist das Sinnbild unserer jüdischen Existenz heute. Doch der Friedhof heißt bei uns Bet Hachajim, Haus des Lebens.‹«

Grußworte des Landesbischofs D. Dr. Lilje:
»Der Jüdischen Gemeinde Hannover sende ich zum Tage der Einweihung ihrer neuen Friedhofskapelle und der Enthüllung eines Gedenksteines auf dem Friedhof in Bothfeld meine herzlichen Glück- und Segenswünsche. Ich freue mich aufrichtig, daß die Jüdische Gemeinde unserer Stadt nach langen Jahren wieder eine Stätte der Andacht und des Gedenkens der Entschlafenen erhält, nachdem die alte Friedhofskapelle am 9. November 1938 von frevlerischer Hand zerstört worden war.«

Aus der Erklärung des Zentralrates der Juden in Deutschland:
»Eine Ehrenpflicht ist es, für die jüdischen Gemeinden, die auf den Trümmern einstiger größerer Gemeinden neu errichtet werden, nicht nur die unerläßlichen Kultuseinrichtungen neu zu schaffen, sondern in ihrem Rahmen auch unserer Toten zu gedenken. Der 14. September 1960, an dem auf dem Friedhof in Bothfeld eine neu errichtete Friedhofshalle geweiht und ein Gedenkstein enthüllt werden wird, ist ein ehrfurchtgebietender Tag, der in der Geschichte unserer neu errichteten jüdischen Gemeinde in Deutschland besondere Bedeutung haben wird. Indem wir unsere Toten ehren, ehren

wir uns selbst. Ihr Andenken verpflichtet uns zu jüdischer Aufbauarbeit, welche die Tradition unserer verstorbenen Brüder an kommende Generationen weitergeben wird.«

Der damalige Ministerpräsident Dr. Hinrich Wilhelm Kopf schrieb in der Festschrift:
»Die Enthüllung eines Gedenksteines und die Einweihung der Friedhofshalle auf dem Jüdischen Friedhof in Bothfeld sind sichtbare Zeichen des Wiedererstehens der Jüdischen Gemeinde in Hannover. Hierzu übermittle ich allen Mitgliedern der Gemeinde meine aufrichtigen Glückwünsche. Die Landesregierung begrüßt die Entwicklung der jüdischen Gemeinden in Niedersachsen mit großer Freude. Sie erblickt hierin auch einen Erfolg ihrer Wiedergutmachungspolitik sowie ihrer Bemühungen, den Mitbürgern jüdischen Glaubens das Bewußtsein zu vermitteln, daß das Land Niedersachsen ihnen im Geiste der Brüderlichkeit Heimat sein möchte, auf daß die Wunden der Vergangenheit heilen. Mögen der Gedenkstein und die Friedhofshalle in gleicher Weise Mahnmal für die Vergangenheit wie ein Anruf für die Zukunft sein.«

In der Hannoverschen Allgemeinen Zeitung vom 14. September 1960 war zu lesen: »Mit einer würdigen Feier übergibt die Jüdische Gemeinde Hannover heute nachmittag auf ihrem seit 1926 bestehenden Friedhof an der Burgwedeler Straße in Bothfeld eine neue Friedhofshalle ihrer Bestimmung. Zur gleichen Stunde wird ein Gedenkstein für die Opfer der Gewaltherrschaft enthüllt. Der aus einem über drei Meter hohen Sandsteinblock parabelartig gehauene Stein steht hinter dem Urnengräberfeld in unmittelbarer Nähe des Fundaments der im Jahre 1925 errichteten Kuppelhalle, die in der sogenannten Kristallnacht im November 1938 durch Brandstiftung zerstört wurde.«

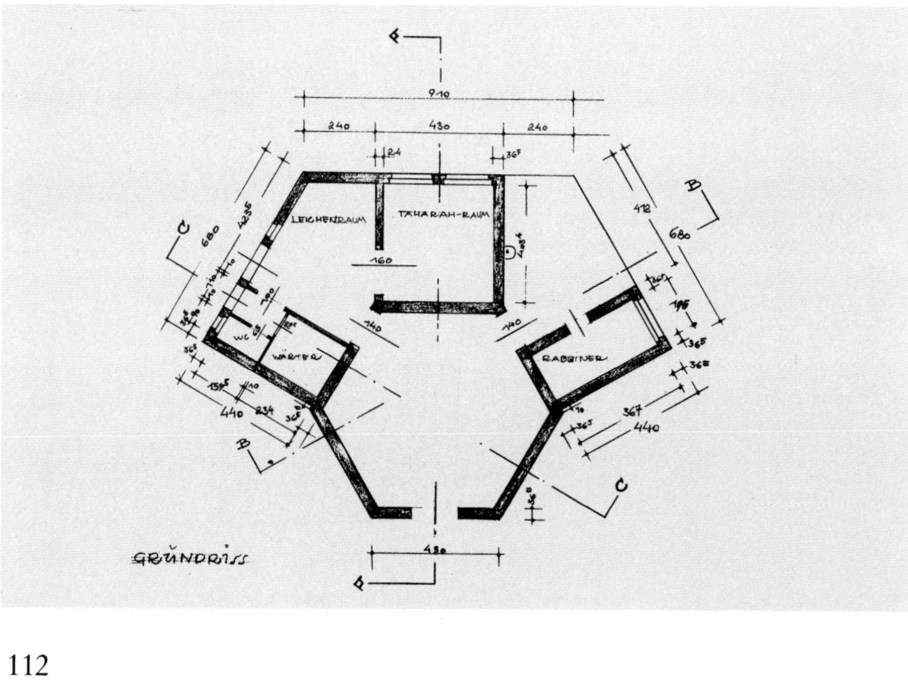

(Abb. 78) Friedhofshalle, jüdischer Friedhof Augsburg, Grundriß, Entwurfszeichnung

Augsburg

(erbaut im Jahre 1961)

Die Israelitische Kultusgemeinde Schwaben-Augsburg beauftragte im Jahre 1960 Hermann Guttmann mit der Planung und dem Bau einer kleinen Friedhofshalle auf dem jüdischen Friedhof in Augsburg. Es entstand ein sechseckiger Baukörper mit Kupferdach; an Vorder- und Rückseite befindet sich jeweils ein rundes Fenster mit dem Davidstern.

Wie aus der eingemauerten Urkunde hervorgeht, war die einstige Friedhofshalle Opfer der Bombennächte des Zweiten Weltkrieges geworden.

(Abb. 79) Friedhofshalle auf dem jüdischen Friedhof in Augsburg, Vorderansicht, Aufnahme von 1988

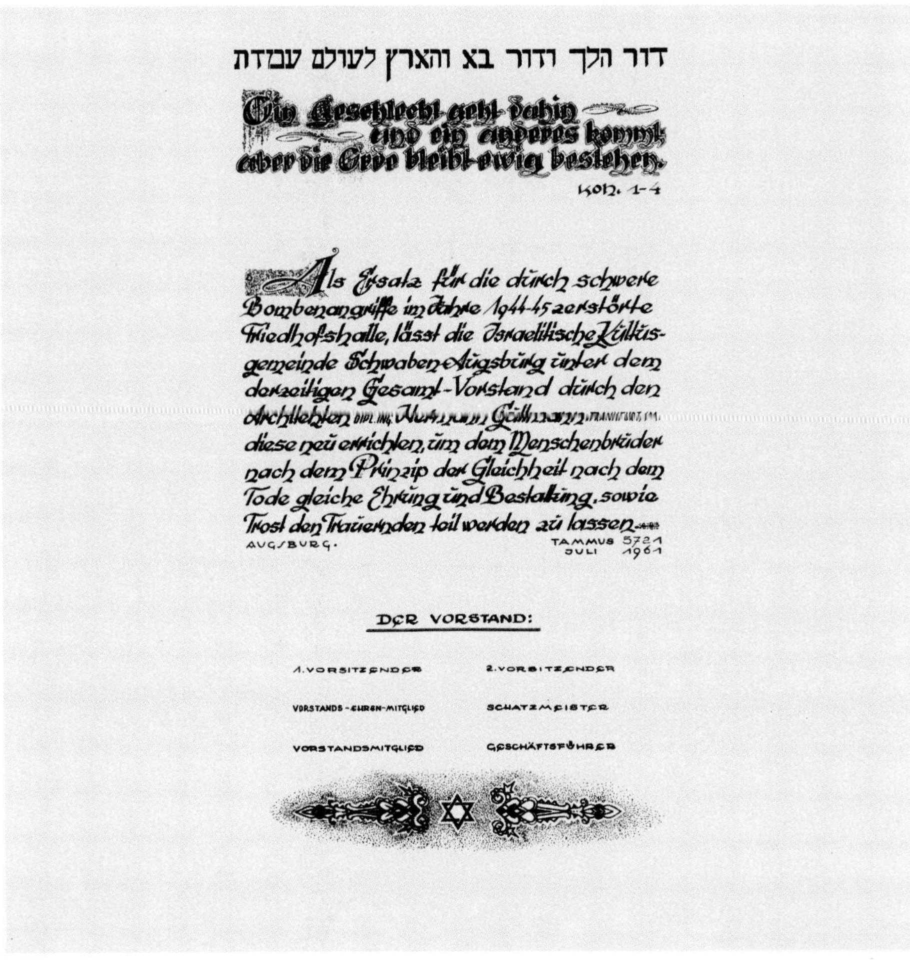

דור הלך ודור בא והארץ לעולם עמדת

Ein Geschlecht geht dahin und ein anderes kommt, aber die Erde bleibt ewig bestehen.

KOH. 1-4

Als Ersatz für die durch schwere Bombenangriffe im Jahre 1944-45 zerstörte Friedhofshalle, lässt die Israelitische Kultusgemeinde Schwaben-Augsburg unter dem derzeitigen Gesamt-Vorstand durch den Architekten DIPL. ING. Hermann Guttmann FRANKFURT/M. diese neu errichten, um den Menschenbrüder nach dem Prinzip der Gleichheit nach dem Tode gleiche Ehrung und Bestattung, sowie Trost den Trauernden teil werden zu lassen.

AUGSBURG. TAMMUS 5721 JULI 1961

DER VORSTAND:

1. VORSITZENDER	2. VORSITZENDER
VORSTANDS-EHREN-MITGLIED	SCHATZMEISTER
VORSTANDSMITGLIED	GESCHÄFTSFÜHRER

(Abb. 80) Urkunde, die bei der Grundsteinlegung der Friedhofshalle auf dem jüdischen Friedhof in Augsburg im Juli 1961 in das Fundament eingemauert wurde

Entwürfe und Modelle

(nicht ausgeführte Arbeiten)

Bei den Entwürfen und Modellen handelt es sich – abgesehen von den Wettbewerbsarbeiten – um Auftragsarbeiten, die meist aus finanziellen Gründen dann doch nicht ausgeführt werden konnten. Nicht alle Entwurfsarbeiten aus der Hand Guttmanns sind heute noch auffindbar. Mit der leider zufälligen Auswahl der nicht ausgeführten Arbeiten soll das synagogale Gesamtwerk Guttmanns eine gewisse Vollständigkeit erfahren.

(Abb. 81) Wien, geplante Synagoge für Khal Israel, eine orthodoxe Vereinigung der Jüdischen Gemeinde in Wien, Entwurfszeichnung

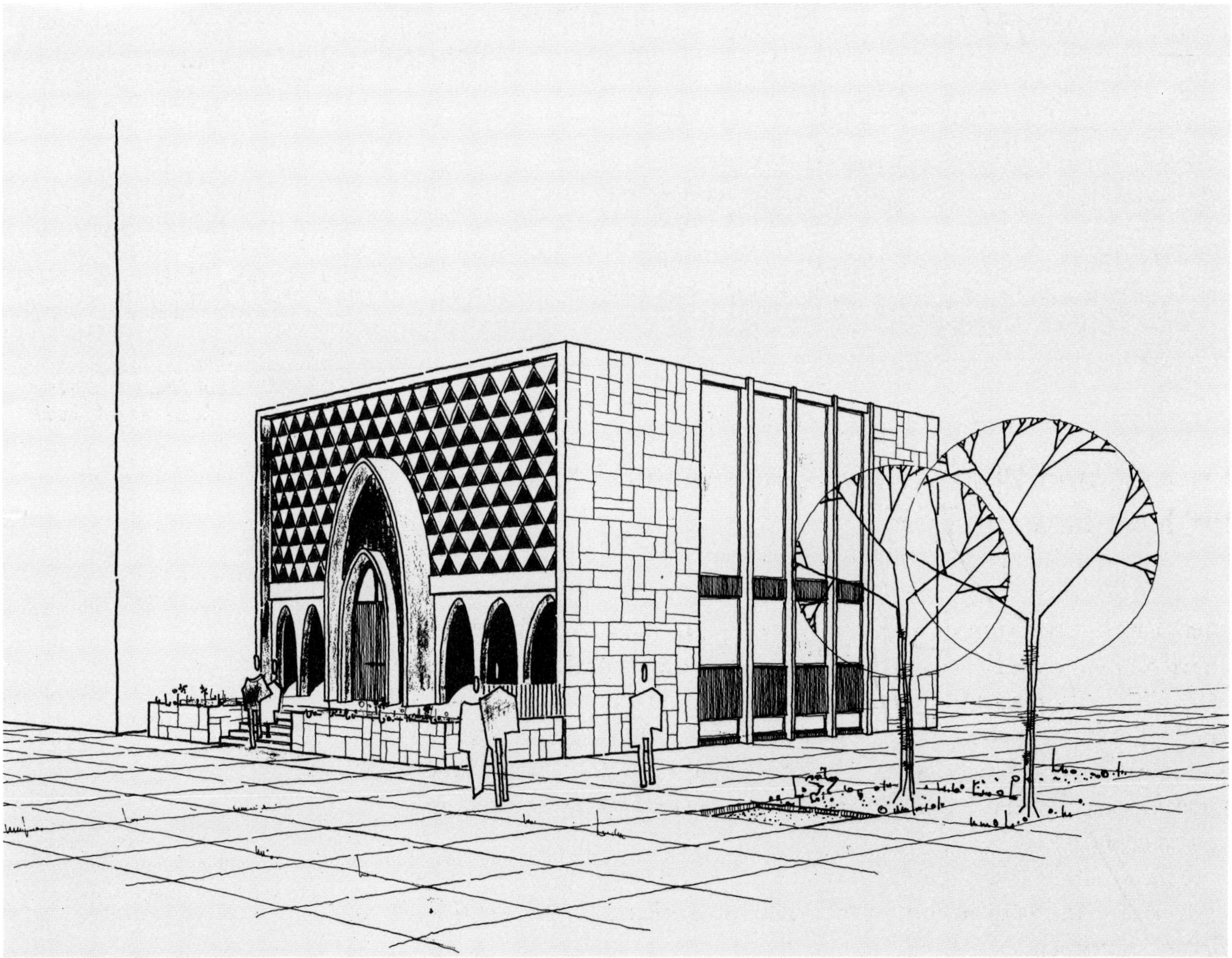

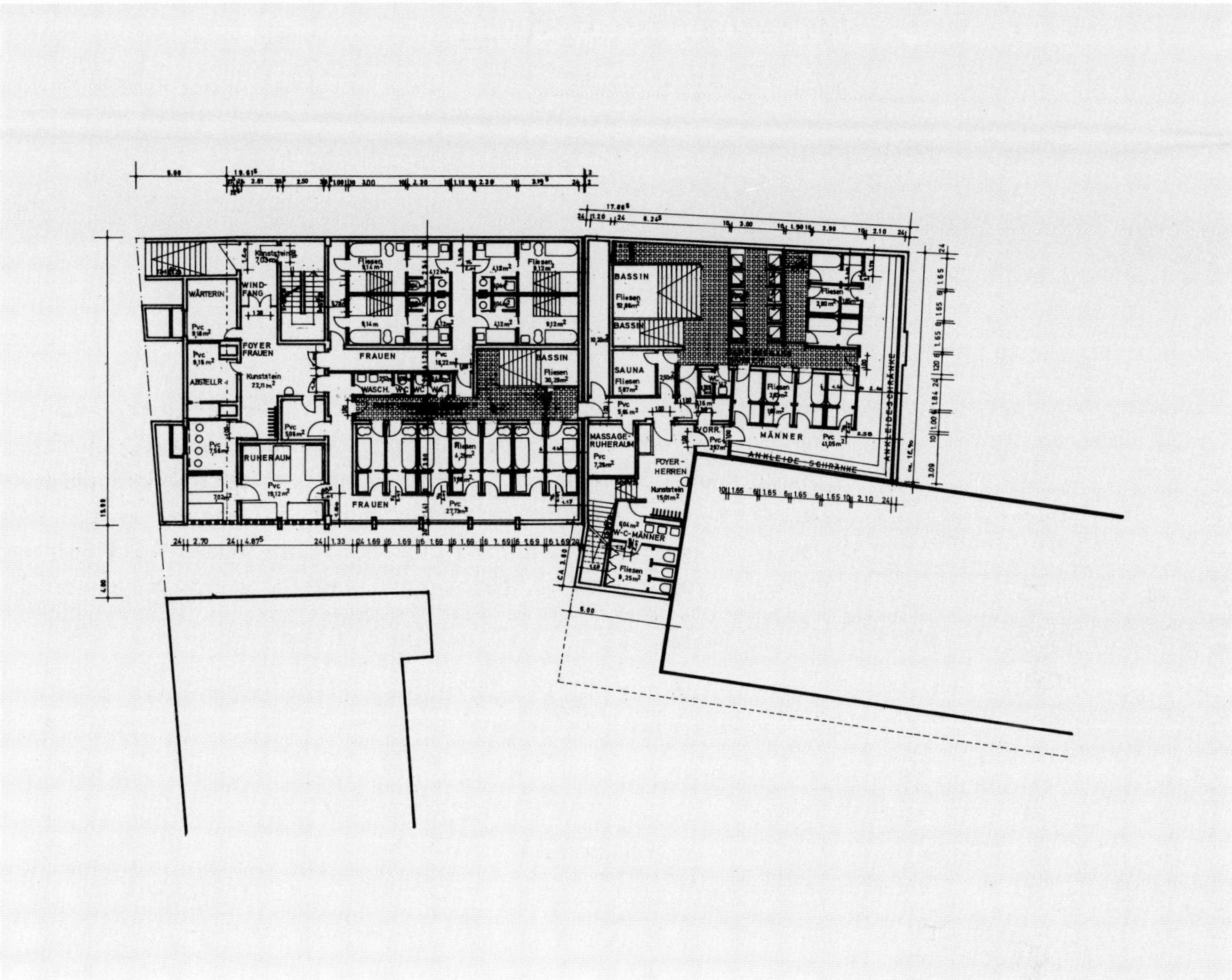

(Abb. 82) Wien, geplante Synagoge für Khal Israel, Grundriß des Kellergeschosses mit Mikwah

Entwurf und Planung einer Synagoge und Mikwah für Khal Israel in Wien

Khal Israel, eine fromme jüdische Vereinigung in Wien, plante in den sechziger Jahren die Errichtung einer streng orthodoxen Synagoge mit einer Mikwah. Sie beauftragte Hermann Guttmann mit der Ausarbeitung von Plänen für ihr Vorhaben. Das Projekt war bereits so weit gediehen, daß im Sommer 1968 mit den Ausschachtungsarbeiten begonnen werden konnte. Dann jedoch blieb das Vorhaben aus finanziellen Gründen in seinen Anfängen stecken.

(Erst zwanzig Jahre später konnte Khal Israel seine Synagoge bauen. Hermann Guttmann konnte nicht mehr mitwirken, er war zehn Jahre zuvor verstorben.)

Entwurf eines Gemeindezentrums für die Jüdische Gemeinde Frankfurt/Main

Nach dem Zusammenbruch des Dritten Reiches holte die Stadtverwaltung die wenigen überlebenden jüdischen Bürger aus dem Konzentrationslager Theresienstadt nach Frankfurt zurück. In den Räumen des ehemaligen Kindergartens der Oppenheim-Stiftung im Baumweg fand der erste Gottesdienst statt. Die dort einst installierte kleine Synagoge wurde wieder ihrer Bestimmung zugeführt und behelfsmäßig eingerichtet. Später wurde der Innenraum restauriert. In den Jahren 1954 bis 1956 sorgte ein Erweiterungsbau für die erforderlichen Gemeinderäume (die auch von Guttmann geplant und erbaut wurden). Der Erweiterungsbau beherbergte Klassenräume für den Religionsunterricht, ein Jugendzentrum und einen Saal für ca. 150 Personen. Hier wurden die Gemeinderatssitzungen, die Gemeindeversammlungen, die Gemeinderatswahlen und viele kulturelle und religiöse Veranstaltungen abgehalten. Bald konnten der Jüdischen Gemeinde, die zu Beginn der sechziger Jahre bereits viertausend Mitglieder zählte, diese Räumlichkeiten nicht mehr genügen.

Der Wunsch und der Plan, ein großes Gemeindezentrum zu bauen, wurde zum allgemeinen Anliegen.

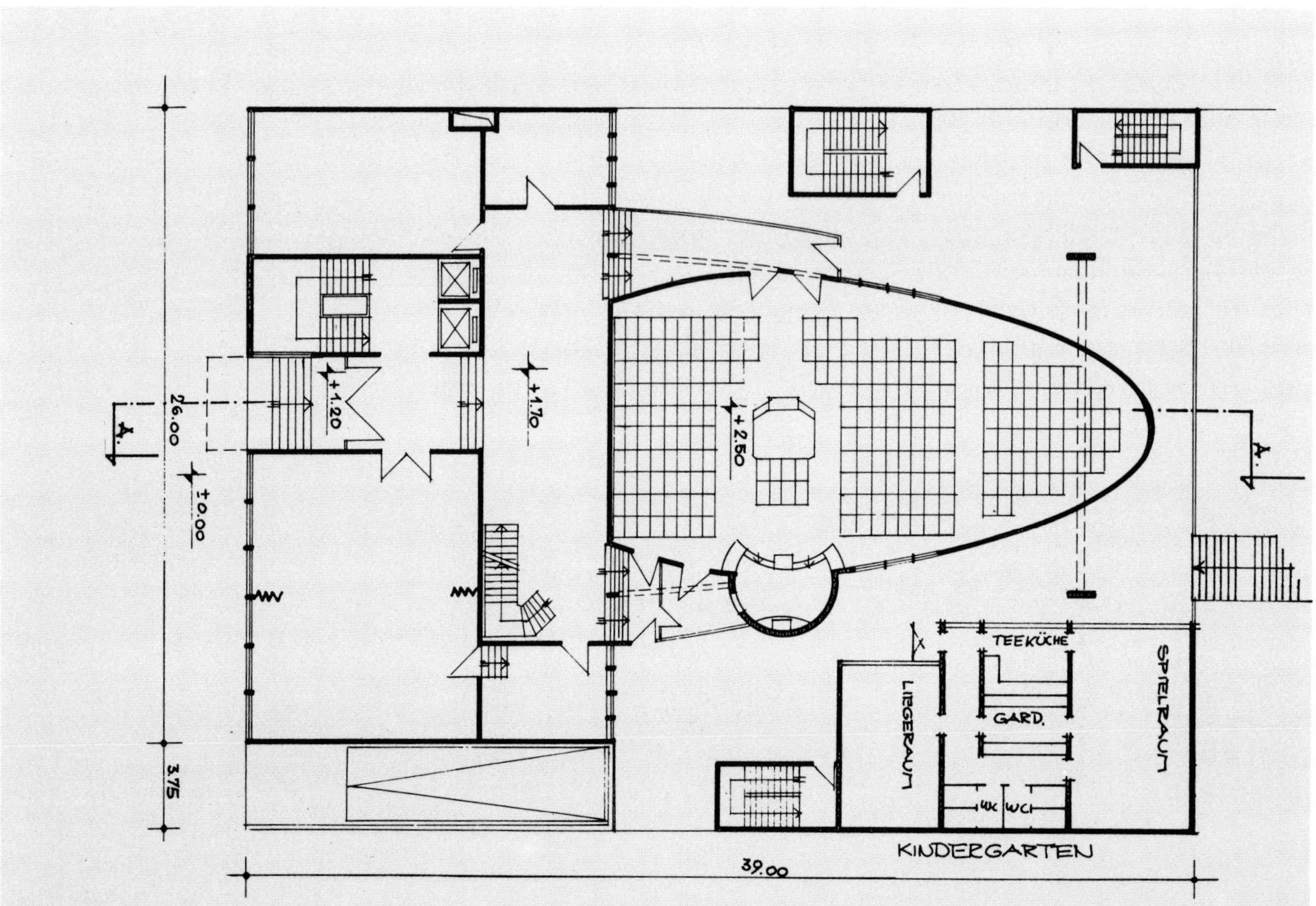

(Abb. 83) Frankfurt am Main, Bleichstraße, Entwurf des jüdischen Gemeindezentrums, Grundriß des Erdgeschosses mit Synagogenraum, 1965

In den Jahren 1964/1965 erwarb die Jüdische Gemeinde Frankfurt zu diesem Zweck in der Bleichstraße zwei brachliegende Grundstücke, die an das Wallservitute anschlossen, einen Grüngürtel, der den Frankfurter Stadtkern umschließt und im vergangenen Jahrhundert an Stelle der alten Stadtmauer angelegt wurde. Die Jüdische Gemeinde beauftragte Guttmann mit der Erstellung von Plänen für dieses Gemeindezentrum. Das Bauvorhaben wurde jedoch nicht ausgeführt, das erworbene Areal wieder verkauft.

Auch bei der Planung dieses Gemeindezentrums wählte Guttmann als Grundriß die Parabel für den großen Saal, der als Gebetsstätte und durch Abtrennung eines kleineren Synagogenteiles als Festsaal zu nutzen gewesen wäre.

Es dauerte noch zwanzig Jahre, bis es der Jüdischen Gemeinde Frankfurt vergönnt war, ein Gemeindezentrum (im Frankfurter Westend) zu bauen und einzuweihen. Hermann Guttmann konnte dies nicht mehr erleben.

Entwurf für eine Synagoge am Röderbergweg Frankfurt/Main

Das Anwesen Röderbergweg 29 diente den 1945 nach der Befreiung zurückgekehrten Frankfurter Juden als Notunterkunft. Später wurde in den Räumen, die früher als Schule genutzt worden waren, ein Betsaal eingerichtet. Um der Wohnungsnot der zuziehenden Flüchtlinge abzuhelfen, plante die Jüdische Gemeinde auf diesem Areal ein Hochhaus. An Stelle des behelfsmäßigen Betsaales, der später abgerissen wurde, sollte neben dem Hochhaus eine kleine Synagoge entstehen. Die Pläne dazu entwarf Guttmann. Das Hochhaus wurde gebaut und im Jahre 1969 bezogen. Eine Synagoge wurde nicht errichtet. Den Gläubigen, die den Betsaal am Röderbergweg besucht hatten, wurden behelfsmäßig Räume im ersten Obergeschoß des Hauses zur Verfügung gestellt.

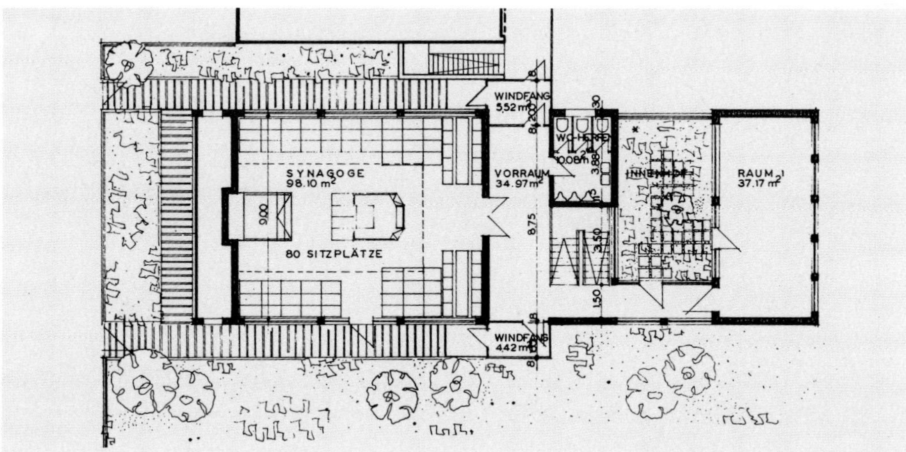

(Abb. 84) Synagoge Röderbergweg, Frankfurt am Main, Entwurfsarbeit, Flächengestaltungsplan, Schnitt, Erdgeschoß

(Abb. 85) Entwurf eines jüdischen Denkmals in Frankfurt am Main, an der Staufenmauer, Perspektive

Entwurf für ein jüdisches Denkmal in Frankfurt/Main

(Abb. 86) Entwurf eines jüdischen Denkmals in Frankfurt am Main, Grundriß

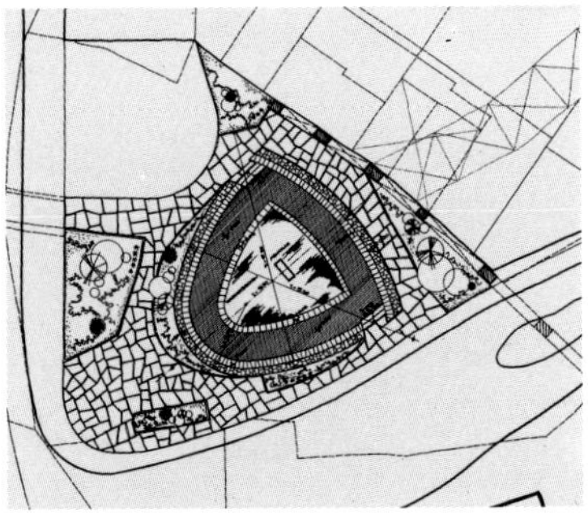

In den sechziger Jahren plante die Stadt Frankfurt, in Erinnerung an die Judengasse, im einstigen Zentrum dieser historischen Zeile, an der Staufenmauer, ein Denkmal zu errichten. Dazu lieferte Guttmann den Entwurf. Das Denkmal wurde – wahrscheinlich aus verkehrstechnischen Gründen – nicht ausgeführt.

Guttmanns Entwurf stammt aus dem Jahr 1966. Inzwischen sind über zwanzig Jahre vergangen. Erst 1988 bewirkte die Initiative engagierter Frankfurter Bürger, der Kirchheim'schen Stiftung und der Jüdischen Gemeinde die Planung einer jüdischen Gedenkstätte am Börneplatz, wo im Rahmen der Baumaßnahmen für ein neues Verwaltungsgebäude der Stadtwerke Reste der alten Judengasse freigelegt wurden.

Pläne für ein jüdisches Gemeindezentrum in Hof an der Saale

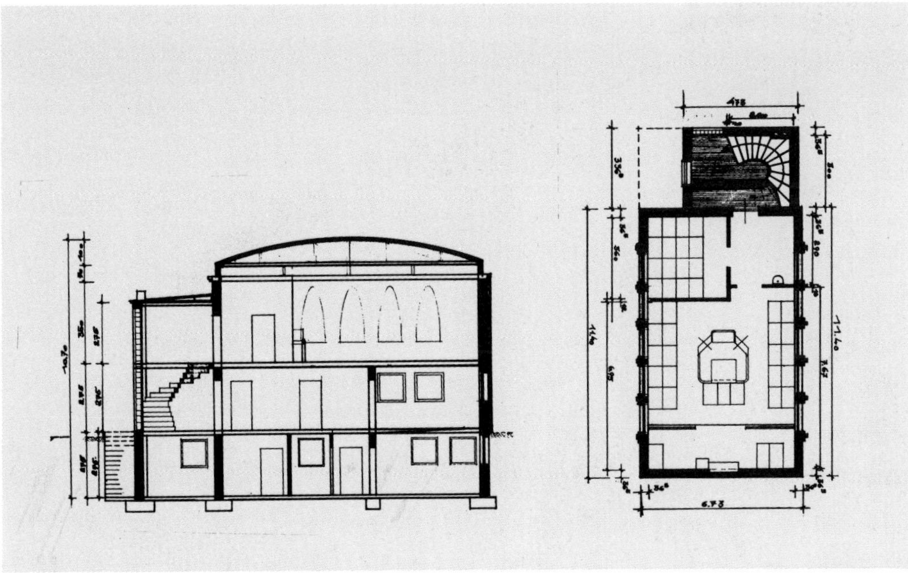

(Abb. 87) Hof an der Saale, Entwurf für Synagoge und Gemeindezentrum. Links: Schnitt durch das Gemeindezentrum, Kellergeschoß, Erdgeschoß und Obergeschoß mit Synagogenraum. Rechts: Grundriß des Obergeschosses mit Synagoge

(Abb. 88) Hof an der Saale, Entwurf für Synagoge und Gemeindezentrum, Perspektive

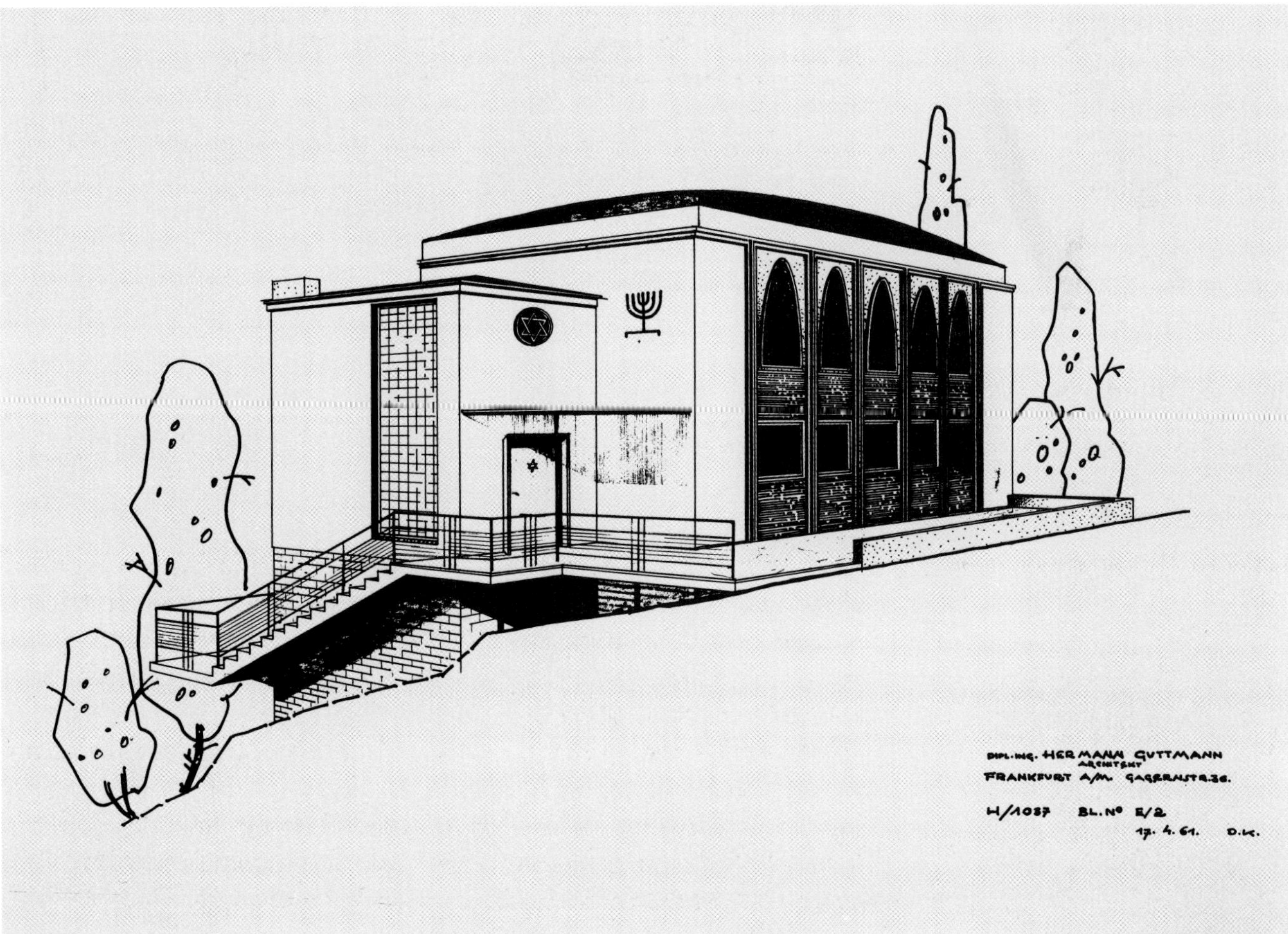

(Abb. 89) Modell für die Synagoge in Essen, Wettbewerbsarbeit; siehe folgende Seite

Wettbewerbsarbeit: Entwurf und Modell einer Synagoge mit Gemeindezentrum für die Jüdische Gemeinde Essen

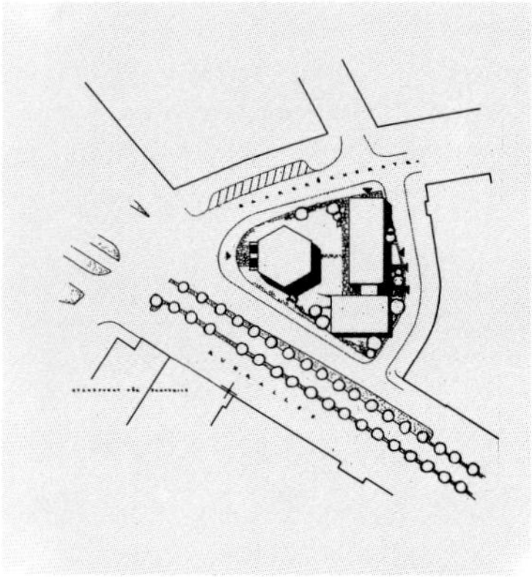

(Abb. 90) Lageplan für Synagoge mit Gemeindezentrum in Essen, Wettbewerbsarbeit

Von der für Guttmanns Synagogen typischen Grundrißform, der Parabel, die er für seine späteren Arbeiten immer wieder wählte, wurde hier zwar abgewichen. Aber in den drei emporragenden Bogen, die in Beton ausgebildet werden sollten, ist die Parabel wiederzufinden.

(Abb. 91) Entwurf für Synagoge und Gemeindezentrum in Essen, Perspektive, Wettbewerbsarbeit

Jugenddorf für Nezer Sereni Israel – Planung

In den sechziger Jahren war Hermann Guttmann während verschiedener Reisen nach Israel Gast im Kibbutz Nezer Sereni. Er entwarf dort für die Gesellschaft Ahavat Rayim ein Jugenddorf. Es sollte ein Jugenddorf von besonderem Charakter und besonderer Symbolik werden, für das mit der Einweihung eines Denkmals im Oktober des Jahres 1968 der Grundstein gelegt wurde.

Guttmann schrieb dazu: »Das Denkmal, ein Bronzeguß, das Werk der Künstlerin Batia Lischanski, versinnbildlicht das Leiden und Wiedererstehen des jüdischen Volkes. Es stellt sozusagen das Leitmotiv für den gesamten Komplex und für den Geist der jugendlichen Bewohner dar, die dieses Dorf bevölkern sollen. Es muß daher auch an dieser Stelle auf die Thematik dieses Werkes eingegangen werden: Aus Gebeinen und Schlamm streben Figuren in die Höhe, die immer mehr die Gestalt von Menschen annehmen. Von Knochen über Skelette zu abgemagerten Gestalten und von ihnen zu einer Gruppe von gesunden Menschen, die dann frei am höchsten Punkt stehen. Die Symbolik kommt durch die meisterhafte Formgebung der Künstlerin voll und verständlich zur Geltung. «

Guttmann empfand es als große Ehre, daß ihn der Verband Ahavad Rayim mit der Planung dieses Jugenddorfes beauftragte.

»Ich stand vor der Aufgabe, einen Entwurf zu schaffen, der den Zusammenhang zwischen der schöpferischen Kraft des jungen israelischen Staates und der Verfolgungszeit der Juden sichtbar werden läßt. Ich versuchte, diese Aufgabe folgendermaßen zu lösen: Die Anlage wird von einem sogenannten historischen Garten umgeben, mit kleinen Plätzchen, Mäuerchen, Bänken, Steinen mit Inschriften und einem Kuppelbau, in dem an die Verfolgungszeit erinnernde Plastiken untergebracht werden. Die Jugendstätte besteht aus einer Reihe von Jugendherbergen, um Plätze gruppiert, und aus einem Zentrum mit Aussichtsturm. Die Unterhaltungs- und Unterkunftsräume sind in der Planung zwar sachlich, jedoch den technischen Möglichkeiten entsprechend ausgestattet. Die Symbolik wird nicht

(Abb. 92) Modell für ein Jugenddorf mit Gedenkstätte in Nezer Sereni in Israel, Entwurfsarbeit für die Gesellschaft Ahavat Rayim

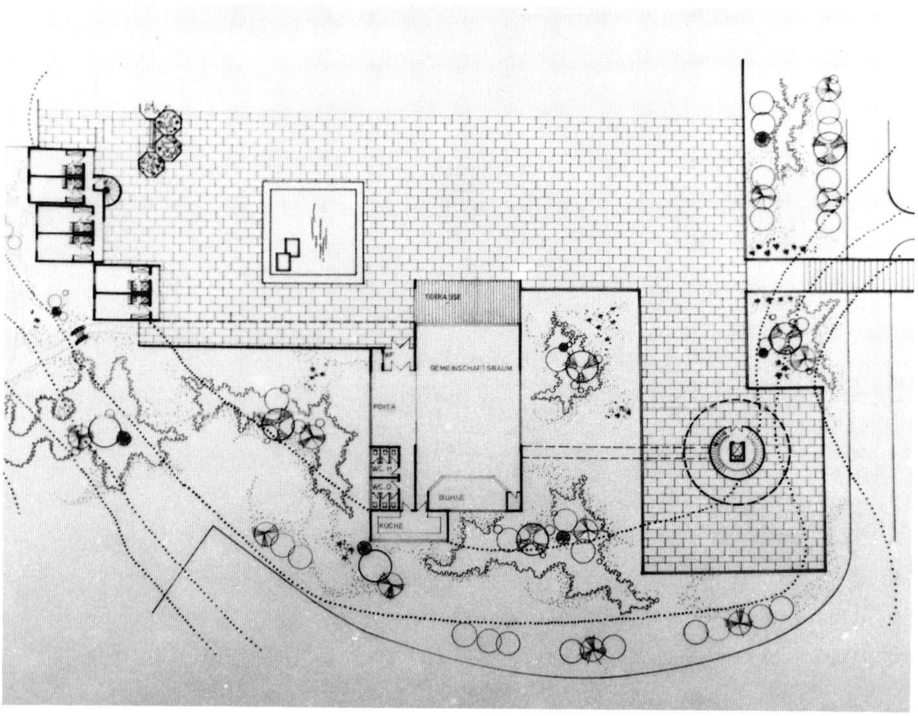

(Abb. 93) Entwurf für ein Jugenddorf in Nezer Sereni in Israel, Teilgrundriß mit »Kuppelbau der Verfolgung«

nur durch Plastiken zum Ausdruck gebracht, sie nimmt auch Einfluß auf die Anordnung der einzelnen Elemente der Stätte, wie der Bauten, Wege, Plätze und sogar teilweise auch der Bepflanzung des Gartens. Die zentralen Punkte des Jugenddorfes sind der Aussichtsturm sowie der Kuppelbau der Verfolgung. Vorgesehen ist ein in Haustein gefertigter Baukörper, der eine parabolische Kuppel auf einem breiten Zylinder zeigt. Er ist in sechs Teile geteilt, die jeweils mit einem nach dem Zentrum sich verjüngenden Gewölbe abgedeckt sind. Der Bau wird so ins Gelände gestellt, daß die Oberkante der Kämpfer der Gewölbe (am Kuppelbau) mit der Oberflächenkante des Geländes auf einer Höhe ist. Letzteres bedeutet, daß man zwei Meter in die Tiefe steigen muß, um die Ein- und Ausgänge zu erreichen.

Zu den Eingängen führen Einschnitte im Gelände. Bei den Durchgangstoren handelt es sich um kurze, labyrinthartige Eingänge, so daß man weder in den Raum noch aus dem Raum sehen kann. Das Bauwerk hat keine Fenster, sondern im Zenit der Kuppel eine Öffnung, durch die Licht einfällt.

Auf elektrische Beleuchtung wird verzichtet. Geplant sind Kerzen, die auf Stahlleuchterarmen aus den Wänden ragen. Sie können nachts entzündet werden.«

Das Jugenddorf mit dem »Kuppelbau der Verfolgung«, der symbolhaft aus der Erde ins Licht ragt, konnte – wahrscheinlich aus finanziellen Gründen – nicht gebaut werden. Es blieb beim Entwurf des Projektes.

Durch die Versenkung des fensterlosen Kuppelbaus in die Erde sollten die Jugendlichen an die Verfolgungszeit – an den Holocaust – erinnert werden, wo Juden im Untergrund, in Höhlen und Erdlöchern vor ihren Verfolgern Zuflucht suchten. Ähnliche Gedanken liegen auch der Planung Guttmanns für die Gedenkstätte im Konzentrationslager Dachau zugrunde.

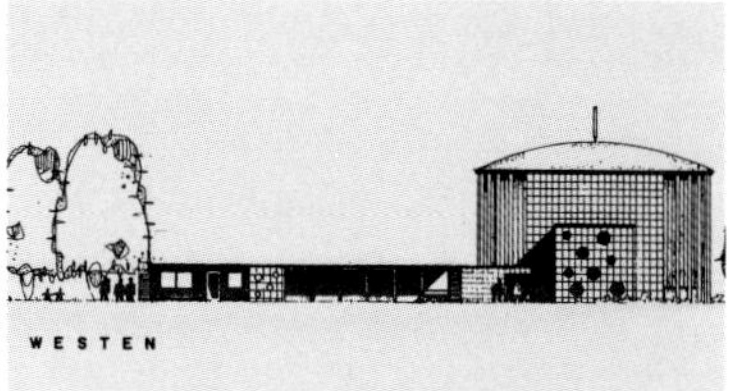

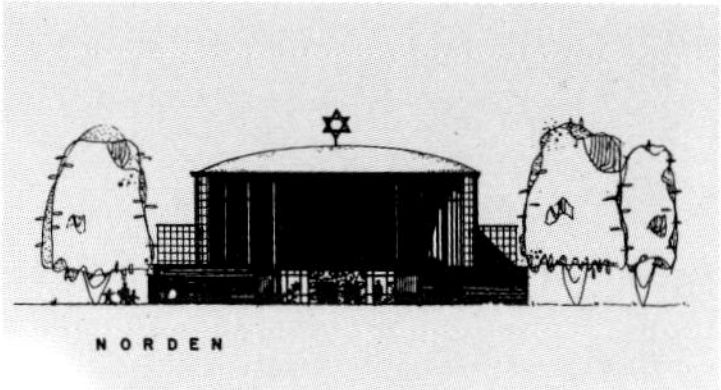

(Abb. 94) Entwurf für die Synagoge Hamburg, Ansichten von Westen und Norden, Wettbewerbsarbeit

Wettbewerbsarbeit für eine Synagoge in Hamburg

Bei diesen Plänen, die nur mit Kennziffern versehen sind, fehlt das Datum der Herstellung. Leider war nicht festzustellen, wann Guttmann diese Arbeiten angefertigt hat. Auch fehlen jegliche Unterlagen, aus denen hervorgeht, ob die Planung als Wettbewerbsarbeit überhaupt eingereicht wurde. Es dürfte sich jedoch um eine Arbeit handeln, die zu Beginn seiner Schaffensperiode entstanden ist. Man darf vermuten, daß die vorliegende Planung bei der Synagoge in Düsseldorf, die in der zweiten Hälfte der fünfziger Jahre erbaut wurde, Pate gestanden hat.

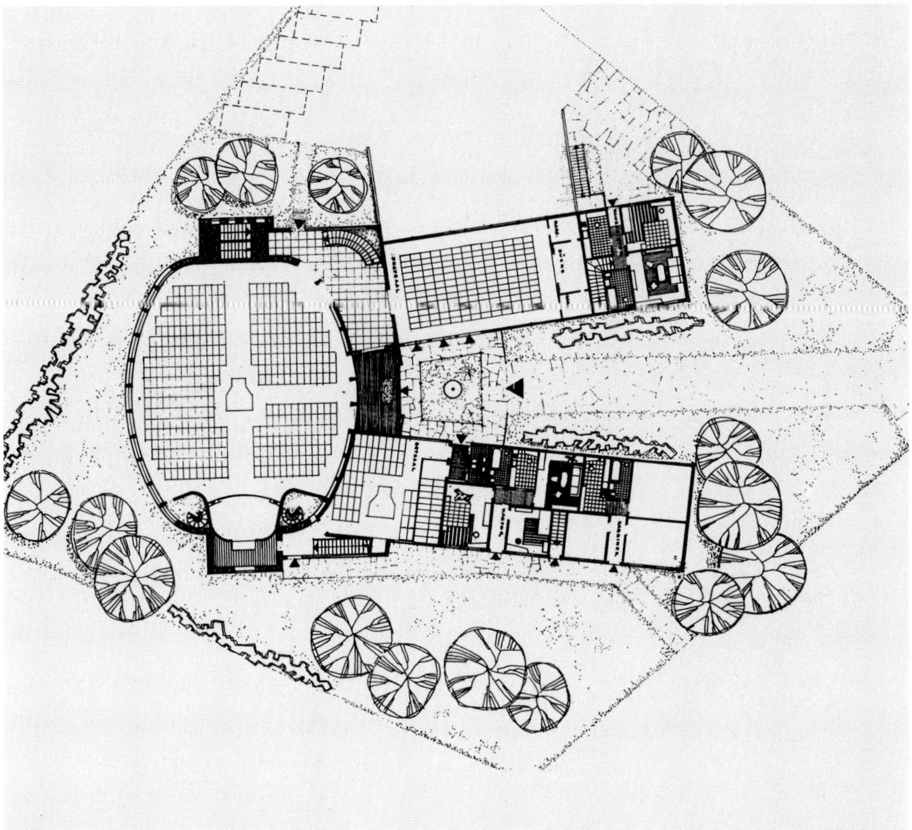

(Abb. 95) Entwurf für die Synagoge Hamburg, Grundriß, Wettbewerbsarbeit

»Ein Tag«
An Stelle eines Schlußwortes

»Noch lange vor der gewohnten Zeit stand ich an jenem Tage auf. Ich erhob mich bleiern von meinem Bett und sah durchs Fenster. Auch die Natur schien bleiverhangen. Dunkel lasteten die schweren Wolken, und die Landschaft war in graues Licht getaucht. Es war der Tag, an dem ich zusammen mit meinem Freund Stefan Schwarz an einer Gedenkstunde im ehemaligen Konzentrationslager Dachau teilnehmen wollte.

An der jüdischen Gedenkstätte in Dachau hatten sich bereits Menschen versammelt. Im ersten Moment warf ich einen Blick auf das Gebäude, um festzustellen, ob das Werk, das ich erstellt hatte, in Ordnung sei. Aber bald schwand das Nüchterne. Es kamen immer mehr Leute, darunter viele Juden, die ich kannte; man schüttelte Hände, fragte, wie es gehe.

Der Kantor begann mit einem Gebet die Feier. Unwillkürlich erinnerte man sich an den Ausspruch: ›Aus den Tiefen rufe ich Dich, oh Herr!‹ Nach einer Ansprache des Vorsitzenden der Israelitischen Kultusgemeinden Bayerns predigte der Rabbiner. Auch er sprach in demselben Tenor, jedoch in einen anderen Rahmen gefaßt und mit Zitaten durchflochten, und als er geendet hatte, sprach noch ein Dritter, ein Vertreter der Verfolgtenorganisation, und auch seine Rede enthielt, neben den Erinnerungen an die Schrecknisse dieses Lagers, den Protest gegen den Oberammergauer Antisemitismus. Zum Schluß sang der Kantor ›Kel Mole Rachamim‹, und dann betete man gemeinsam das Kaddisch-Gebet.

Es regnete stark, und als ich aufsah, merkte ich, daß es zwar einige aufgespannte Schirme in der Umgebung gab, aber daß die Mehrheit der Versammelten genauso triefend dastand wie ich. Rechts hinter mir stand eine Frau. Sie schaute gerade vor sich hin. Als ich an ihr vorbeiging, stellte ich jedoch fest, daß ihr Blick nach innen gerichtet war. Links von mir stand ein Mann mit seinem kleinen Sohn. Der Mann trug chassidische Kleidung und war, wie ich später erfuhr, der Schochet einer naheliegenden Stadt. Ein Mann fragte, was die Marmorlisene, die durch das Loch im Dach der Gedenkstätte rage, für eine Bedeutung haben solle. Ich erklärte ihm, es handle sich hierbei um Pki'in-Marmor aus der Ortschaft Pki'in, von der die Legende erzählt, daß dort immer Juden gelebt haben, so daß sie das Überleben trotz aller Judenverfolgungen symbolisiere. ›Ja, ich weiß‹, war die Antwort. ›Die jüdische Kette ist in dieser Ortschaft nie abgerissen, dort haben immer Juden gelebt.‹

Als der Gottesdienst zu Ende war, gingen alle in Richtung des Krematoriums, wo auf dem Vorplatz die 25-Jahresfeier der Befreiung des Konzentrationslagers Dachau stattfinden sollte.

Neben dem Rednerpult standen drei Männer barhäuptig und hielten Fahnen in der Hand. Sie trugen Verfolgtenabzeichen und sahen regungslos vor sich hin. Im Kreis um dieses Pult waren die Honoratioren versammelt, Bundesminister, Staatsminister, einige Oberbürgermeister usw.

Nach einigen einleitenden Worten eines Vertreters der Organisation des Dachau-Komitees sprachen der Bundesminister, ein Vertreter der Jugend, der Präsident der Verfolgten und zum Schluß wiederum einer der Organisatoren. Als die Zeremonie beendet war, fing der Schweigemarsch zum Hauptdenkmal auf dem Appell-Platz an, wo die Kranzniederlegung später stattfand.

Dann fuhren wir zurück. Es ging die Landstraße entlang, bis wir Weiden und die dort auf uns wartenden Juden erreichten, wo ich den Einbau einer Mikwah begutachtete. Darauf fuhren wir zum Lager Flossenbürg, wo meine Begleiter einen Gedenkstein für die dort umgebrachten Juden errichten wollten.

Meine Begleiter, die dieses Lager in jener schlimmen Zeit hatten kennenlernen müssen, erklärten mir den Innenraum, obwohl es keinerlei Erklärung bedurft hätte. Auch ohne ihre Kommentare hätte ich verstanden, was die stählerne Bahre, welche halb in dem offenen Ofen steckte, bedeuten sollte. Ich verließ diese Stätte mit weichen Knien. In der Mitte eines kleinen Platzes erhebt sich eine Pyramide, mit Gras bewachsen, und vor ihr auf dem Boden eine Tafel mit der Zahl der Verbrannten, deren Asche diesen Hügel bildet. Umgeben ist dieses furchtbare Mal von großen, auf dem Boden liegenden Grabsteinen, welche mit Wappen der einzelnen Staaten und den Zahlen der Umgekommenen dieser Nationen versehen sind.

Am anderen Ende des kleinen, im Tal liegenden Platzes erhebt sich ein steiler Hügel, auf welchem eine Kapelle errichtet ist. Auch in dieser kleinen katholischen Kirche liegen Grabsteine für die hier Umgekommenen. Die Fenster dieses Hauses haben bleiverglaste Ornamente mit symbolischen Bildern und den Wappen einzelner Nationen.

Ich verließ die Kirche wie jemand, der einen schrecklich schweren Rucksack trägt. Noch ein Blick in die Landschaft und ein tiefer Atemzug, den Kopf gegen den Himmel gerichtet, ein Dank durch die Wolken im Bewußtsein, daß über diesem dunklen Gewölbe auch Helles vorhanden ist.

Unser Weg führte uns weiter zum unweit liegenden Städtchen Floß. Hier galt es, mitten in der Ortschaft die Halbruine einer Synagoge zu besichtigen, zu begutachten und zu entscheiden, was mit ihr geschehen soll. Die im neobarocken Stil erbaute achteckige Synagoge muß ein stolzes Gebäude gewesen sein. Noch heute zeugen die dicken Mauern und die ebenmäßige Bauart davon, daß hier keine Kosten gescheut worden waren, um ein Gotteshaus zu errichten. Zwar ist heute statt eines imposanten Eingangs nur noch eine verhauähnliche Tür vorhanden, und der steinerne Fußboden im Innern ist mit Erde teilweise vollgeschüttet, darüber alte Bohlen gelegt wurden. Die linke Empore mit den Säulen steht noch, stellenweise geborsten, von der rechten sind nur noch die Säulen und die Querbalken, die diese mit der Außenmauer verbinden, stehen geblieben.

Ein Stein, der wohl als Grundstein eingemauert worden war, trug das Datum 1813. Im Inneren sind Holz und andere Gegenstände gelagert, und nur noch die Art des Aufbaus und die Ostwand deuten darauf hin, daß dies eine Betstätte der Juden gewesen ist.

Während ich nachdenklich den Bau betrachte, erzählt uns die alte Frau, die uns den Raum geöffnet hatte, von dem Schicksal der Juden aus Floß. Sie tut es in der üblichen Art, als würde jedermann die Familien kennen, und berichtet, daß die einen ausgewandert seien und daß der Alte soundso erklärt habe, es wäre unmöglich, daß man sie von hier vertreiben könnte, und daß dann schließlich ihn und seine Familie ein furchtbares Schicksal getroffen habe. Es ist an und für sich kein Wunder, daß Juden aus Floß nicht glauben konnten, daß sie von hier vertrieben werden sollten. Die Geschichte dieses Städtchens dürfte ein besonderes Kapitel der Geschichte der Juden in Deutschland sein.

Auf dem Wege von diesem Städtchen nach Weiden zurück sprachen wir über diese Synagoge, und ich muß sagen, daß es mir schwerfällt, eine Entscheidung über den Erhalt oder den Abriß dieser dort vorhandenen Mauern zu treffen. Der Konservator soll festgestellt haben, daß es keine Gründe gebe, dieses Haus unter Denkmalschutz zu stellen. Im ersten Augenblick sagte der Architekt in mir vielleicht dasselbe, gibt es doch in Bayern viele Häuser, Tempelchen und andere Gebäude im neobarocken Stil aus dem Anfang des neunzehnten Jahrhunderts. Eine Sehenswürdigkeit ist eine solche Tempelhalbruine nicht.

Aber weiß auch der Konservator, was die Tür im ersten Stock des Baues bedeuten soll? Nachdem um das Gebäude herum eine neue Straße verlegt wurde, sitzt die Tür nun im Halbstock. Für den Eingeweihten ist diese Tür etwas Besonderes. Sie zeugt davon, daß hier die Juden streng orthodox gewesen sein müssen. Sie gingen nicht einmal mit den Frauen zusammen durch das Hauptportal. Kein baulicher Rest an der Wand deutet auf eine Treppe, die aus dem Innenraum zur Empore der Frauen hinaufgeführt hätte. Hingegen wurde mir bestätigt, daß vor Zeiten außen geschwungene Steintreppen zu diesen Türen mitten in den Fassaden führten. Die Frauen gingen also von der Straße direkt über diese Treppen zu ihren Betplätzen. Mag sein, daß es ähnliches woanders auch gegeben hat oder gibt, und daß auch dies kein Grund ist, das Bauwerk zu erhalten. Aber abgesehen davon, sollte nicht, dem talmudischen Satze gemäß, der im Traktat Megillah, Blatt 28, Seite 1, Mischna, heißt: ›Ich werde ihre Heiligtümer verwüsten, sie werden jedoch ihre Heiligtümer bleiben, auch wenn sie verwüstet sein werden‹, diese Stätte ein würdiges Aussehen bekommen? Oder könnte dieser Raum, der leider als Synagoge nicht mehr dienen kann, weil mir erzählt wurde, in diesem Städtchen würde heute kein Jude mehr wohnen, nicht anderen humanen Zwecken dienlich gemacht werden? Es bleibt zu erwägen, ob nicht auch durch die Erhaltung dieses Bauwerkes an das Schicksal der Juden in dieser Gegend erinnert werden sollte.

Es war spät in der Nacht, als ich endlich nach diesem langen und eindrucksvollen Tag zur Ruhe fand.

Als ich am nächsten Morgen aufwachte, strahlte die Sonne am Himmel. Noch konnte ich den gestrigen Tag nicht vergessen, aber mit jedem Kilometer, der mich an diesem lachenden Frühlingstag nach Frankfurt zurückbrachte, kam neue Hoffnung auf und neuer Optimismus, und ich dachte mir, auch diese Sefira wird ein Ende nehmen und an ihrem Ende wird ein lichtes und schönes Schawuoth-Fest den Tag bestimmen. Es wird an den Tag erinnern, an dem unser Volk die Lehre Gottes erhielt, die es in sich trägt. Der Glaube und das Wissen um die eigene Geschichte gibt Kraft und Lebensmut, weiterzuleben und an der Überlieferung festzuhalten.«

Hermann Zvi Guttmann, im Mai 1970

Begriffserklärungen

ACHTZEHN SEGENSSPRÜCHE Das Gebet der achtzehn Segenssprüche: Das Achtzehngebet, Schemone essre, ist das Hauptgebet des Morgen-, Mittags- und Abendgottesdienstes an Werktagen. Es enthält 19, ursprünglich 18 Bitten, deren jede mit einem Segensspruch (Beracha) und der Hervorhebung einer bestimmten Eigenschaft Gottes (der die Toten erweckt, der die Verstoßenen sammelt) schließt. (Philo-Lexikon)

RABBI AKIBA Akiba ben Josef, um 50 bis 135 n. Z., Tannaite (Gesetzeslehrer). Mitbegründer und volkstümlichste Gestalt des talmudischen Judentums. Märtyrer zur Zeit des Bar Kochba-Aufstandes (letzter großer Aufstand der Juden gegen die Römer, 132–135 n. Z.). (Philo-Lexikon)

ALMEMOR Auch Bima genannt, heißt das Gebetspult, auf dem die Thora gelesen wird. Beim Bau einer Synagoge, entsprechend dem Gesetz: Du sollst meine Lehre unter das Volk tragen, wird der Almemor in der Mitte des Betraumes aufgestellt.

ATERETH-ZVI Zu Ehren von Zvi (Zvi ist der jüdische Vorname von Hermann Guttmann).

BAR MITZWAH Gebotspflichtiger. Der jüdische Knabe wird mit der Erreichung seines dreizehnten Lebensjahres gebotspflichtig (Aufrufung des Bar-Mitzwah zur Thora-Vorlesung; Anlegung der Gebetsriemen). (Philo-Lexikon)

BEN THORA Sohn der Thora, in der Thora bewandert.

CHOHEN – CHOHANIM (Mehrzahl) COHN Familienname, der ursprünglich priesterliche Abkunft bezeichnete und nach der Halacha seinen Träger zu bestimmten Observanzen (Befolgung der eingeführten Regeln) verpflichtete. (Lexikon des Judentums)

CHUPPA Trauhimmel, Baldachin, unter dem Braut und Bräutigam zusammengegeben werden. Am Chuppastein wurden in der alten Würzburger Synagoge die Trauungen vorgenommen.

GALUTH Aufenthalt der Juden außerhalb Israels, auch Diaspora genannt. Die Geschichte des Galuth fällt mit der jüdischen Geschichte seit der zweiten Tempelzerstörung zusammen. (Philo-Lexikon)

HALACHA Teil der mündlichen Lehre, Hauptbestandteil des Talmud.

JAHRZEITLICHT Jahrzeit, stammt aus dem Mittelhochdeutschen für Jahrestag. Bezeichnung der jährlichen Gedenktage an den Tod der Eltern oder nächsten Verwandten. Es ist gebräuchlich, an diesen Tagen, der Jahrzeit, ein Licht zu brennen und zu fasten. (Philo-Lexikon)

KADDISCH und EL MOLE RACHAMIM Gebete zum Andenken an die Toten. Kaddisch altes, aramenisches Gebet. Verkündung der Heiligkeit Gottes und der Erlösungshoffnung. Kaddisch wird bei der Beerdigung der Eltern und das ganze Trauerjahr von dem Sohn der Verstorbenen gesprochen. (Philo-Lexikon)

KEHILLA auch KAHAL Versammlung, Bezeichnung der Jüdischen Gemeinden.

KIDDUSCH Heiligung. Einweihung des Schabbath (bzw. Festtage). Gebet des Hausherrn am Freitag abend (bzw. Rüsttag – Vorabend des Schabbath oder Festtages), verbunden mit einem Segen über einen Becher Wein.

KIDDUSCH HASCHEM Segensspruch für die für ihren Glauben umgekommenen Juden. (Philo-Lexikon)

LAUBHÜTTE hebräisch SUKKA Nach dem jüdischen Religionsgesetz ist während des Sukkotfestes (Laubhüttenfest) der Aufenthalt in der Sukka, der Laubhütte, während der Mahlzeiten – und auch für die Nachtruhe – vorgeschrieben. Die Hütte besteht aus Zweigen, Flechtwerk und Stroh. Sie wird unter freiem Himmel mit einem provisorischen Dach aufgestellt. Der Aufenthalt in der Laubhütte dient der Erinnerung an das provisorische Hüttenleben während der Wanderung der Kinder Israels durch die Wüste. (Jüdisches Fest Jüdischer Brauch)

LIBERALES JUDENTUM oder fortschrittliches Judentum fußt einerseits auf der Lehre von der formalen sowie inhaltlichen Entwicklungsfähigkeit und -notwendigkeit der Religion, andererseits auf der Überzeugung, daß in der Offenbarung nicht ein einmaliges übernatürliches Ereignis, sondern ein durch Generationen andauernder Geschichtsvorgang, ein menschliches Erleben und Geschehen in allmählicher Entwicklung zu sehen ist. (Philo-Lexikon)

MENORAH/Leuchter. Der siebenarmige Leuchter im Heiligtum, eines der Symbole des Judentums. Der achtarmige Leuchter für Chanukka; ein neunter Arm dient als Schamach, als Bedienungslicht zum Anzünden. (Philo-Lexikon)

MIKWAH Ritualbad. Seit der ältesten Zeit bis heute in jeder jüdischen Gemeinde. Religiöse Kultbäder, besonders für Frauen nach Geburt oder Menstruation vorgeschrieben. Die Mikwah darf nur lebendes Wasser (d. h. quellendes, fließendes Wasser) oder in Gruben gesammeltes Regenwasser enthalten und muß mindestens drei Kubik-Ellen (= 800 Liter) umfassen. Die Mikwah dient auch zum Eintauchen neuer Gefäße vor deren Gebrauch. (Philo-Lexikon)

MINJAN Zahl, Mindestzahl von zehn männlichen Betern, die für den Gemeindegottesdienst vorgeschrieben ist. (Philo-Lexikon)

MISCHKAN Wohnung der Glorie Gottes = Stiftshütte, israelitisches Zeltheiligtum während der Wanderung durch die Wüste; in Geräten und Ritual Vorbild des Tempels. (Philo-Lexikon)

ORTHODOXIE Die jüdisch strenggläubige Richtung sieht im Judentum die Einheit von schriftlicher und mündlicher Lehre, von thoratreuer Betätigung und Lebensanschauung, deren Geschlossenheit unbedingte Befolgung der biblischen und rabbinischen Vorschriften heischt. (Philo-Lexikon)

PENTATEUCH griechische Bezeichnung der fünf Bücher Mose, der Thora, hebräisch Chamischa Chumsche Thora. (Philo-Lexikon)

OLE REGEL So hieß in biblischen Zeiten das Hinaufsteigen nach Jerusalem zum Tempel zum Abhalten der drei Wallfahrtsfeste Pessach, Wochen- und Laubhüttenfest. (Jiddisches Lexikon)

SCHAMAI UND HILLEL Hillel aus Babylon war einer der Begründer der mündlichen Lehre, größte Autorität des Gesetzes in der Zeit vor der Tempelzerstörung, Patriarch um 30 vor bis 10 n. Z. in Jerusalem, Ahnherr der Patriarchendynastie, Vorbild der Sanftheit und Gelassenheit im Gegensatz zu seinem Gefährten und Antipoden Schamai. (Philo-Lexikon)

TAHARA Reinigung, Raum, in dem Waschung und Bekleidung des Leichnams vor der Bestattung erfolgt. Einkleidung ohne Unterschied in einfaches Linnen. (Philo-Lexikon)

TALMUD neben der Bibel das Hauptwerk des Judentums, aus vierhundertjähriger Überlieferung entstanden, abgeschlossen im fünften Jahrhundert n. Z. Sammlung jüdischer Gesetze und Kommentare. (Philo-Lexikon)

TEHI NISCHMATO ZERURAH Möge seine Seele gebunden sein im Bund des Lebens.

THORA Lehre, Bezeichnung des Pentateuch, der 5 Bücher Mose (Gesetzesteil der Bibel). Für den gottesdienstlichen Gebrauch auf eine Pergamentrolle vom Thoraschreiber geschrieben, mit Geräten und Schmuck ausgestattet und im Thoraschrein verwahrt. Unbrauchbar gewordene Thorarollen werden bestattet. (Philo-Lexikon)

TIEROPFER Der ursprüngliche Gottesdienst der klassisch-jüdischen Zeit bis zur Zerstörung des zweiten Tempels war in seiner Wesenheit Opferdienst, wenn es auch zu allen Zeiten Gebete gegeben hat und die außerhalb des Bereiches des Zentralheiligtums wohnenden jüdischen Gläubigen stets gottesdienstliche Zusammenkünfte mit Gebetsverrichtungen hatten. Mit der Zerstörung des Tempels stellte sich mächtig das Bedürfnis nach einem befriedigenden Ersatz ein; er wurde im reinen Gebetsgottesdienst gefunden, losgelöst von Opfern und Priestern.

(Jüdisches Fest Jüdischer Brauch)

Quellenangaben

PHILO-LEXIKON: Handbuch des jüdischen Wissens
Jüdischer Verlag im Athenäum Verlag, Frankfurt 1982.

LEXIKON DES JUDENTUMS: C. Bertelsmann Verlag, Gütersloh 1967.

JÜDISCHES FEST JÜDISCHER BRAUCH: Herausgegeben von Friedrich Thieberger. Jüdischer Verlag im Athenäum Verlag, Frankfurt 1979 (3. Auflage 1985). Nachdruck der im Jahre 1937 von den nationalsozialistischen Behörden beschlagnahmten und vernichteten Erstauflage.

JIDDISCHES LEXIKON: Salcia Landmann, Jiddisch, das Abenteuer einer Sprache. Limes Verlag, Wiesbaden und München 1979.

FESTSCHRIFTEN:

Die neue Synagoge in Düsseldorf. Zur Einweihung am 7. Sept. 1958. Herausgegeben von der Synagogengemeinde Düsseldorf.

Zur Enthüllung des Ehrenmals und zur Einweihung der Friedhofshalle auf dem jüdischen Friedhof in Hannover-Bothfeld, 14. Sept. 1960.

Leben und Schicksal. Zur Einweihung der Synagoge in Hannover. Herausgegeben von der Landeshauptstadt Hannover, Presseamt, in Zusammenarbeit mit der Jüdischen Gemeinde Hannover.

Zur Geschichte der Juden in Osnabrück und Umgebung von Zwi Asaria. Herausgegeben von der Stadt Osnabrück zur Weihe der Synagoge und des jüdischen Kulturzentrums Osnabrück, 15. Siwan 5729 – 1. Juni 1969.

Einweihung der Synagoge Würzburg, 24. März 1970. Herausgegeben von der Israelitischen Kultusgemeinde Würzburg.

ÜBRIGE QUELLEN: Archiv Guttmann.

FOTOS: Klaus Hofmann, Klaus Meier-Ude, Ursula Seitz-Gray, Michael Rellensmann, Lichtbildstelle Stadt Würzburg, Archiv Guttmann.